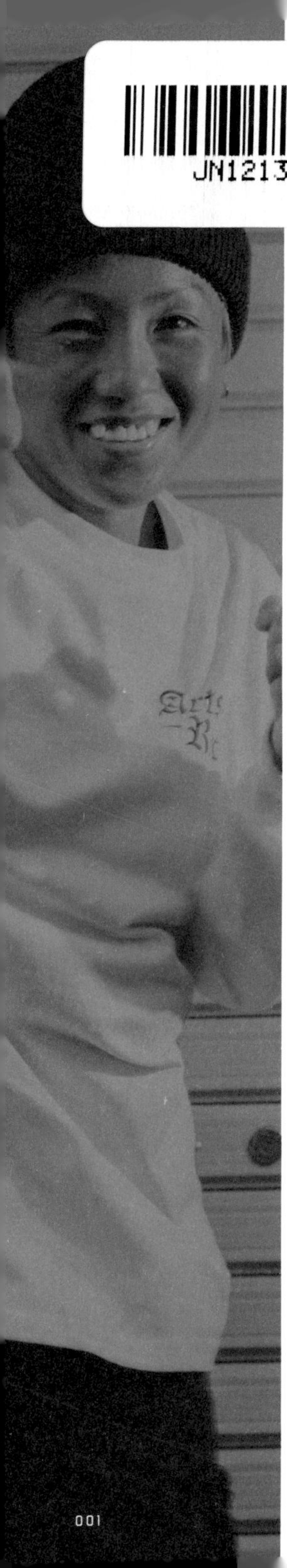

MINOGE Nº137

Cover PHOTO:
Kuniyoshi Taikou

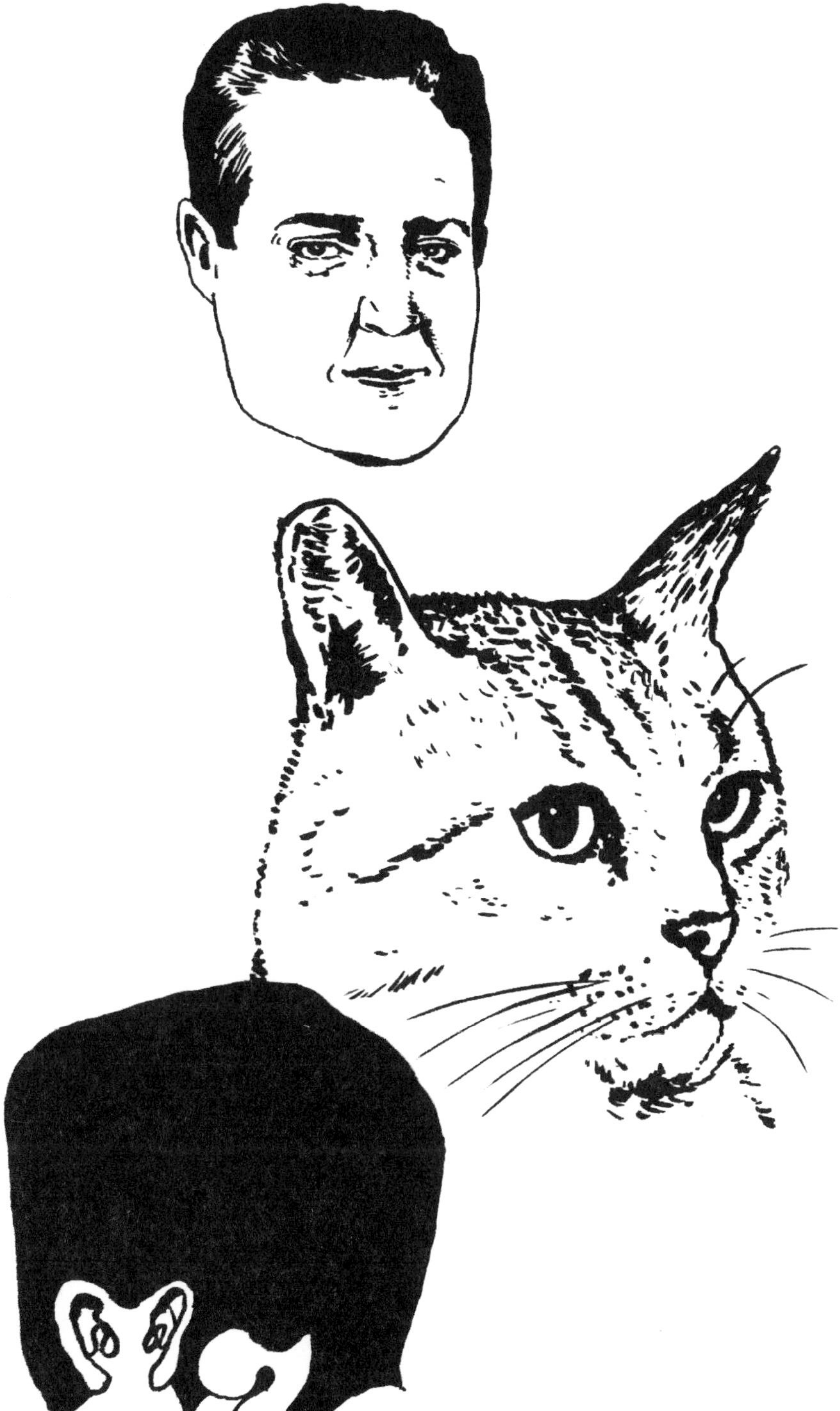

PETIT KASHIMA

俺の人生にも、一度くらい幸せなコラムがあってもいい。

VOL.136

『劇場版センキョナンデス』と興行論。

プチ鹿島

プチ鹿島（ぷち・かしま）1970年5月23日生まれ。芸人。ドキュメンタリー映画『劇場版センキョナンデス』は全国各地で上映中です。ぜひご覧ください。

映画監督としてデビューしてしまいました。タイトルは『劇場版センキョナンデス』。選挙を題材にしたドキュメンタリーで2月から公開中。私とラッパーのダースレイダーのふたりで監督・主演を務めています。

もともとダースさんとは時事ネタのYouTube配信を毎週やっていたのですが、「自分たちの選挙特番をやろう」と選挙現場に行くことにしたのです。一昨年10月の衆院選は香川1区へ、昨年7月の参院選は大阪へ行き、候補者たちに素朴な質問をどんどんぶつけました。そのときの映像が面白かったので1本の映画になったわけです。

といっても作品が完成したら終わりではない。お客さんに映画館に来てもらわなくてはいけない。私はプロレスで楽しんできた「興行」を仕掛ける側になったのである。そうすると今まであまり考えなかったことも見えてきた。

たとえば先日、東海テレビの阿武野勝彦プロデューサーとトークショーをおこなった。阿武野さんは『さよならテレビ』『人生フルーツ』『ヤクザと憲法』など数々のテレビのドキュメンタリー番組を制作し、映画化して全国公開してきた方である。ドキュメンタリー映画界のヒットメーカーと言っていい。阿武野氏は開口一番「思ったほど動員がイマイチ」という自身の経験について語りだした。ヒット作をあれだけ生む人でも予想外の興行成績になることがあるという。作品自体は自信があるにもかかわらずだ。なんとも難しい。

それを踏まえて興行の大事な点として「当事者意識」というキーワードを言っていた。映画館に足を運んでもらうには観客に当事者意識を抱かせることが大事で、「何か」がなければいけないと。これってまさに興行論である。

じつは私も同じような議論を『劇場版センキョナンデス』のスタッフとしていた。試写を観た各界の著名人からはかなり評判がよかったのだが、一方で選挙というテーマなので観ないうちから敬遠される恐れもある。いかに通りすがりの人々に関心を持ってもらえるか？

ここで思い出したのはアントニオ猪木の「環状線理論」である。ドーム大会をおこなうならプロレスファンだけだと埋まらない。環状線の内側にいる既存のファンだけでなく、その輪を外に広げて考えろという猪木の名言。では私のファンや、選挙に興味のない人々にどうやって響かせればよいのか。そこでヒントになったのは当事者意識という言葉だった。

映画の説明では「選挙はお祭り、フェス」といかにも楽し気な雰囲気を出しているが、実際につくられたチラシのコピーは「選挙は最高のお祭だ！のはずが…」だった。

じつはこのコピーは昨年の7月8日のことを指している。安倍晋三元首相の銃撃事件の日である。あの日も私たちは1日中カメラをまわしていたから結果的にドキュメントそのものになってしまった。あの日の街の表情、有名人や政治家の振る舞い、SNSで流れた勝手な憶測などは決して忘れてはいけないと思うようになった。さらに言えば、私たちの衝撃の様子や困惑、そのうえでふたりで何を語ったのか。選挙や民主主義とは何か？とも語り合った。それらの様子はすべて記録に残そうと決めたのだ。誰もが当事者としてもう一度考えてほしいと思った。そう、阿武野氏に会う前に私たちは「当事者意識」というキーワードを自分たちで出せていたのである。

さらに興行で大事なキーワードは「論争」ではないか？とも気づいた。いい作品というより何かを語りたくなる作品。プロレスの試合や興行でもそれは同様だからだ。すると雑誌『ニューズウィーク』日本版に映画監督で作家の森達也氏が『劇場版センキョナンデス』について書いてくれた。

《これが優秀で良質なドキュメンタリーかと言われれば否定する。でも面白いかとか見る価値はあるかと問われれば、ためらうことなく肯定する。》

おお、なんとうれしい言葉。私たちは「これはドキュメンタリーなのか論争」が起きることをひそかに期待していたからだ。M-1グランプリでマヂカルラブリーが「漫才なのか論争」が起きたようになれば最高だと。実際にこの映画は我々監督ふたりが前面に出て自分たちから状況を作っている。だからこんなのドキュメンタリーじゃないという論点があっても不思議じゃない。

ありがたいことに森氏はこうも書いている。いまではアンシャン・レジーム（旧体制であり権威）となった自分からすれば、そもそもこれはドキュメンタリーなのだろうかと首をひねるが「面白い」と。結びの言葉は、

《選挙に新たな視点を与える本作が、極めて重要な問題を提起していることは間違いない。》

権威となった人（大御所）を戸惑わせて最後に面白いと言わせたのだから成功ではないだろうか。「いい映画」だけじゃなく「いい興行」にしたいのだ。

さて、ここまで書いていたら朗報が来た。映画の観客動員が1万人を突破したという。ドキュメンタリー映画で「1万人動員」はヒットとされる数字だというので最初の目標だった。よし、最初の関門はクリア。というわけで私の興行はまだまだ続きます。

おもしろい人はなぜおもしろいのかを
調査する好評連載・第28回

THIS IS LOVE SONG

どぶろっく

森慎太郎・江口直人

「むしろ下ネタがウェルカムな世の中こそ怖いぞと思っています。だから下ネタは減ればいい。エロってなるべく自然に湧き出るものじゃなきゃいけなくて、じわじわとずっと出ているのがいいと思う」

収録日：2023年4月10日
撮影：タイコウクニヨシ
聞き手：大井洋一
構成：井上崇宏

時代とともに移りゆく感性とコンプライアンス！
だが、いつの時代もどぶろっくはずっとおもしろい!!

「下ネタは繊細だから」とは、どぶろっく森さんの言葉です。たしかにその通りで、下ネタはただ下品なことを言えばいいわけではありません。

局部の名前を言ったり、出したり、見ようとしたり。それだけでは下ネタではないのです。

下ネタとは文字通り「ネタ」でなくてはならなくて、つまりは笑えなくてはならないのです。

時代とともに移りゆく感性とコンプライアンス。誰しもが下ネタの「ウケる」と「ひく」の線を探り合っている中、ただ1組、どぶろっくだけがその答えを知っているのです。いつの時代もどぶろっくはずっとおもしろい。

そこにいったい何が見えているのか。と、思ってインタビューしたんですけど、どうやらアレ、下ネタじゃなかったみたいです。（大井）

「我々を魅了するものをすべての女性が持っているじゃないですか。女性は〝女神〟で非常に尊いものです」（森）

——今日は、どぶろっくのおふたりに『下ネタの様式美』についておうかがいできたらなと思いまして。
江口　様式美ですか。

——おそらく下ネタに関しては、「ここまではオッケー」とか「ここから先はスケベ過ぎてひくぞ」といったガイドラインみたいなものをおふたりはお持ちなんじゃないかと思うんですよ。
森　まあ、自分たちにこれと言ったルールはそんなにないのかもしれないですけど、楽屋で芸人が言っている下ネタみたいなのにはなりたくないですよね。「パコパコ」とか。
江口　みんな、そんな会話をしているんですよ。
森　あとは「カキタレ」とか「マンコ」とかも平気で言ってたりして。「そういう下品な芸人にはなりたくないぞ」っていうところはあると思います。
江口　基本的なテーマとして「抱けてない側の男でいたい」っていうのがあるので、そこの生々しさをこっちで勝手に完結しようっていうのは考えますよね。
——絶対に女性の上には立たないというか。
江口　そうです。だから何かの番組の企画で、女性に対してセクハラっぽい感じのことを言わせるとか、そういうのは俺らはやりたくないんですよ。あくまでも勝手にシコってるみたいな（笑）。そこは意識してやっているというわけではなく、もともとがそういう感じの人間なんですよね。
——男の悲哀だったり、できてない側の言い分や強がりがおもしろいっていうラインですよね。
江口　だから俺らがこういうネタをやるようになったのは、

『あらびき団』で『女っつーのは』って曲をやったのが最初だったんですけど、それはまさに街でデートしている女性を見ながら「ああ、いいよなあ。森ちゃん」みたいなことを話しながら作った曲だったんですよ。だからそもそもが「女性っていいよなあ」だし、「いつかヤラせてくれたらいいのになあ」とか「揉みてえよなあ」っていうところに常にいたいと実際に思っているもんね?

森　やっぱり女性は〝女神〟ですから。非常に尊いものですから、それを「ヤッた」とか「かいた」とか言うのは、本当にもう嫌気がさしますよ。

江口　カキタレ文化ね。

――「タレを呼んだ」みたいな言い方とか。

森　まったく受けつけないです。嫌悪です。口に出すのも嫌ですよ。それがステータスとか勲章とか、そんな枠に女性を入れているような感じが凄く嫌です。女性に関しては、ボクらは絶対にノンタイトル、無冠でいきたい。

江口　だって女性に対しては感謝しかないですからね。フォルムから細胞に至るまでというか、すべての作りに感謝しています。ヒザとかヒジがちっちゃかったり、肉の乗り方だったり、小鼻のちっちゃな感じとかも全部含めて、そういうふうに生まれてきてくれてありがとうございますっていう。

森　美しいですよね。そういう我々を魅了するものをすべての女性が持っているじゃないですか。それを街を歩いているだけでも普通に見られるし、会えるし。そんな状況に対しての感謝がまずはありますよね。それぐらい我々は見ているというか、感じていますから（笑）。

――女性という存在に感謝しているわけですね。

江口　芸人を始めた頃、先輩の合コンみたいなのでまさに〝タレ〟を呼んでっていうところに居合わせたりしたことがあったんですよ。そのときの女性に対する先輩のスタンスもそうだし、逆に女性もその〝タレ〟を受け入れている感じがもう嫌でしたね。女性不信になっちゃいますよ。「あなたたちはそういうものじゃないだろ……」って。

――「あなたたちは女神なのに、それでいいんですか?」と。

江口　そうですよ。なのに、そこの需要と供給が成り立っている感じが凄く嫌でしたね。そんなところには馴染めないし、嫌だと思うし、でも相手にされない自分にも自己嫌悪というか、「俺、ダメなんじゃないか……」っていうのもありますよね。

――女性にモテたいっていう気持ちは当然ありますよね?

森　もちろんですよ。

江口　めちゃくちゃありますよ。だから結果的に本当のいい女だけに焦点を当てていっている、ターゲットにしてネタを作っているみたいなことですよ。俺らは抱けてないこともないけど、抱いているなんてことはおくびにも見せないよ、みたい

な美学。「そこに気づいてくれよ」みたいな感じですかね。

――以前、森さんが「下ネタって繊細なんだ」っていう話をされていましたけど、誰彼かまわずチンコだマンコだって言うのは誰だってできるけど、笑えるネタに昇華させるところまでいくのは難しいというか、センスがいるっていうことだと思うんですよ。

森　だから「おっぱい」ひとつにしても、「この歌詞とこのメロディでいったら、どのおっぱい表現がいいのか?」っていうのはありますね。言葉として「乳房」がいいのか「パイオツ」なのか、もしくは「山」がいいのかとか。

――そうしてファンタジーにしていくと。

森　そこのトータルコーディネート。歌により、メロディによって、みたいなところだけで1、2時間の会議をしていますから。意外と歌だと強めの単語が乗ってもマイルドに聴こえるっていう部分があって、たとえばしゃべって同じテイストのボケを言ったとしたらちょっとひかれるけど、曲に乗せて美しく歌うと、それだけでくだらないみたいなことになるんです。

「結局、俺がたどり着いたのは〝愛〟だった。愛に勝る快楽はないということに42で気づきました」(江口)

――おふたりの中で、そこの価値観というのは統一されているんですか?

森　統一とかではなく感覚ですよね。歌ってみてボイスレコーダーに録って、聴いて、「なんかちょっといまいちだな」ってなったら「ちょっとここのワードを変えてみようか」みたいな。

江口　で、感覚だから、ネタを作っているときのそれぞれのプライベートでのメンタルも出ちゃうんですよ。ちょっとイケイケの暮らしをしているときはネタも強めになったりとか。

――ちょっと強気になっちゃう(笑)。

江口　逆にプライベートがちょっと弱気なときは控えめなほうを選ぶとか、そこはわりと人間臭いんですよ(笑)。

森　でも基本的にボクらはあまり変わった性癖とかではないと思うんで。まあ、江口の性生活に立ち会ったことがないのでわかんないですけど(笑)。

――ただ、若い頃って変態にちょっとあこがれませんか?ボクもそれなりに風俗に行っていろいろ試してみたりしたんですけど、どう考えても自分は普通だし、普通がいちばん楽しいんですよ。でも、それでちょっとガッカリするんですよね。「ああ、俺って変態じゃないんだな。カッコよくないな」って。

江口　あー、わかります、わかります。変態の背伸びをしますよね。

――変態の背伸びをしちゃうんです(笑)。

江口　俺もひと通り見てみようかなっていう時期があったけど、

結局たどり着いたのが「愛」だった。「愛に勝る快楽はない」みたいなことに気づきましたからね。

――それはいくつくらいのときに気づきました？

江口　42ですかね。

森　つい最近！（笑）。

江口　人間、なかなか気づけないものですね（笑）。でも変態的なところにあこがれているのも含めて自分というか、背伸びするところもそのまま見せちゃうっていうことでいいのかなと思いますよ。

森　ボクはわりと家庭環境が厳しかったので、子どもの頃から性に対しては閉鎖的だったんですよ。だから逆に変態になりたいっていうよりも、性行為よりももっと手前のところで勝手に興奮しちゃうっていうのが強すぎて、理解されないものが多いんです。たとえば鏡に映っている女性に興奮するとか。

――えっ？　直視するよりも鏡越しで見る女性のほうがいいってことですか？

森　直で見るよりも、鏡に映っている姿のほうが興奮するんですよ。

――それはなんなんですか、ちょっとのぞき見している感じなんですか？（笑）。

森　そうでしょうね。

江口　だから、のぞき部屋にもよく通っていたんだよね？

森　そうですね。子どもの頃、リビングでアダルトビデオを観たいんだけど、平屋だったのでリビングに行くのは両親の寝室の隣を通らなきゃいけなくて、毎回そこを通ってビデオを再生するのはリスクがあったんですね。それで親父の持っていた家族の思い出を撮るためのビデオカメラを拝借して、家族がいないときにリビングでアダルトビデオを再生しているテレビをビデオカメラで再撮して、それを自分の部屋で観ながらやってたんで。当時のカメラなんでモニターとかなくて、ファインダーを覗いて再生された映像を観るという。

――アハハハハ！　そこで変な癖がついたんですね（笑）。

森　片目をつぶったほうが興奮するようになっちゃって（笑）。

――それを世間一般では変態って言うんだと思いますが（笑）。学生時代とかモテなかったですか？

江口　いや、俺はモテてました。

――普通はモテてると卑屈にはならないし、悶々とする男を代弁する歌は作らないんじゃないかって思うんですけど。

江口　ひとつあるのは、普通にモテてはいたけど、それを上回るくらいの欲望というか、渇望ですよね。

――渇き！

森　だから、どこを基準にするかみたいな（笑）。

江口　意外と目標は高いと思います（笑）。

森　だからボクたちはもっとモテたいんだと思うんですよ。

「メンタルがマイナスからスタートしているので、精一杯モテるためにだんまりを決め込んでいました」（森）

――「女！　女！　女！」って歌っているのも、ボクらが思い描いている女とは違う、もっとハイレベルな女性を思い描いてるっていうことですね（笑）。

森　ボクはたぶん、自分が手にすることをできなかった女性のことを歌っているんだと思うんですよ。

江口　昔、松本人志さんの『遺書』に「自分じゃない男がセックスしているのが許せない」みたいなことを松本さんが書いていて、俺も凄くわかるなと思って。俺以外の男に抱かれている女性がこの世の中にいるというのが凄く悔しいというか、認められない、許せないみたいな考えがありますよね。いや、いまはそこまでないですけど（笑）。だから女性に対しては常に「いいな」って思っていますし、その欲が強いっていうのはありつつ、モテない男の「どうしようもねえよな、俺たち」みたいなのが好きなんですよ。

――常に渇望していると。

江口　だから高校時代は、クリスマスに仲間と何人かで綺麗な女のコとか気になっている女のコたちの家を勝手にまわって、自分たちはモテないブラックサンタみたいな感じでプレゼントをあげていくっていうことをやっていたんですよ。

――アハハハハ！

江口　でも俺には彼女がいるから、本当はクリスマスは彼女とふたりで過ごすこともできるんですけど、ちょっと彼女を待たせてそういうことをやるみたいな。そんな自分が好きみたいなのはありましたね。

――ほかの友達からすれば「いや、おまえには彼女がいるじゃねえかよ」となりますよね。

森　ボクはそっち側だったんでそう思っていましたよ。「なんか保険のきいたクリスマスだな」って（笑）。

江口　基本的にずっと保険がかかっていますね（笑）。

――金持ちなのに貧乏なふりをするみたいな（笑）。

森　だから江口は最後、待たせている彼女のところに帰って行くじゃないですか。江口がいなくなったあとの取り残されたボクらの本当のところを知らないんですよ（笑）。

――そんな森さんも、近頃は角度によっては木村拓哉さんみたいになってきていますよね。

森　通っている美容師さんがいたずらでインスタに投稿するんですよ（笑）。

江口　たしかにパーマをかけ始めてから、森のいい男感が止まらない感じはありますよね。

森　でもボクは昔からモテなかったですから。もう圧倒的に暗かったですし、女のコとしゃべれなかったですね。逆に言うと、めちゃくちゃ異性を意識していたと思うんですよ。

──カッコつけちゃうんですか？

森　いえ、メンタルがマイナスからスタートしているので、「このコを惹きつける魅力が自分にはひとつもないじゃん」っていうふうに思っていたんですよ。それでしゃべりもないから女のコはもっと嫌な思いをするっていうので、精一杯モテるためにだんまりを決め込んでいた感じですよね。

──クールを装うというか。

森　だから逆に言うと、その頃がいちばんがんばっていたような気がしますね。黙っているかわりに女性のかわいいところとか、ほかの男が見過ごしているところをずっと探していて、「俺がもしあのコにアドバイスするんだったら、これを言うな」みたいな。

──「俺ならこれを言うな」（笑）。

森　「俺はここをほじるな」とか（笑）。結局、中学3年間はそんなアドバイスをするようなことはなく、ずっと観察だけしていましたね。

江口　いや、もっといくべきなんですけどね。森とは付き合いが長いですけど、「もっといけ」と思うんですよ。森は高校デビューで、わかりやすいくらいに厚底メガネからコンタクトに変えて、そこから急にモテ出した典型パターンなんですよ。もっといけるんですけど、「本気を出したら、俺、いけるけど」っていうところでずっと留まるんですよね。だからズルい男なんですよ。もっと勝負をかければいいものを、あまり泥水はすすりたくないみたいなところがあるんで。

森　まあ、そうですね。すすり方がわからないんですけどね（笑）。

──女性にひどい目に遭ったってこともあるんですか？

森　自分が好きだと思った人に告白をして、付き合ったっていう経験が全然なかったんですよ。たとえば高校のときに中学の同級生だった女のコから呼び出されて、「森くんのことが好きだって言ってるコがいるよ」とか、ボクが知らないところで魅力を感じてくれている女性っていう、そういう人に救われていた人生だったんですよ。

江口　俺はたぶん、いまも森は「愛」を知らないと思いますね。森は本当に人を愛したことがないんじゃないかと。

──他人からの愛を感じて、それには応えるけども？

江口　そうです。逆に言うと誰も愛せないというか。鏡越しでしか愛せない、自己愛の男なんじゃないかって。

森　けっこう、こうやって当たりが強いんですよ。江口は1回モテてるから凄くタチが悪くなっちゃって（笑）。

「森は客室乗務員的なところには けっこう強さを発揮するんです。 そういう大物ウケするんですよ」（江口）

――江口さんはモテていたほうの意見として言ってるんですね。「俺はいろいろ知ってる」と（笑）。

森　だから女性に関しては、江口はちょっと上からなんですよね。

――魔裟斗からのアドバイスみたいな（笑）。

森　だってボクのそういうメンタルを克服するために「ちょっとナンパに行ってこい！」とかって若手の頃によくやっていましたもんね。「俺も一緒にやってやるから」って言って手伝ってくれたりもしましたけど、やっぱりボクはモテなかったっていうのがベースなので無理でしたね。だから、いまも自分を出せていないタイプの女性に凄く自分と同じものを重ね合わせるので、そういう人にはボクは逆に積極的になれるのかもしれませんね。

――共感できると。

江口　森は客室乗務員的なところにはけっこう強さを発揮しますね。

――どういうことですか？（笑）。

江口　たまにそういう大物ウケするんですよ。

森　キャビンアテンダントさんって、ある意味で美人だからということでいろんな接客の要求をされているわけじゃないですか。だから意外と「本当の自分を見られていない」みたいな、仕事でストレスを抱えがちというか。そういうふうに思うと、ボク的にはキャビンアテンダントさんは接しやすいです。

――俺でよければ、ほぐしてあげたいなと。

森　ほぐしたいなという気になるんですよね。

江口　で、JALよりもANAだよね？

森　JALよりもANAです。

――どういうことですか？（笑）。

森　JALはいま業界1位なので。やっぱり2位のメンタルを持っているほうが好きですね。

――2位のメンタル！「どうせ2位だしな」みたいな（笑）。

森　っていうのがやっぱりあるんですよ。2位だからこそ接客がいいというのもある気がしますし。

江口　知らないですけどね（笑）。俺もモテてたと言っても、学生時代は本当にコミュ障というか、社会に適合できなかったので。じつは公務員を目指したりとかいろいろ就職活動をしてみたりはしたんですよ。

――だけど、大学を卒業して芸人になろうってことになったんですか？

江口　芸人になろうっていうのは人生の思い出作りというか、何をやってもうまくいかないものですから。それが26のときですよ。大学は留年して6年行って、そのあともバイトをしてっていう。それでひっそり音楽とかはやっていて、もともとバンドをやっていたんですけど、バンドがうまくいかなくてひとりでやるようになり、音楽事務所兼スクールみたいなところに行ってみたり。

――それはボーカリストとしてですか？

江口　ですかねえ？　いや、あの頃はよくわからなかったです（笑）。

――何がやりたかったんですか？

江口　オアシスとかが大好きなので、そういうあこがれでその頃から曲は作っていたんですよ。でも、たまに週末にデパートのカラオケ大会に出るみたいなことしかなかったりして、これはもう全然音楽も無理だなと思いまして。で、そこから就職活動をしても何もうまくいかず、最後の最後で「お笑いをやってみようかな」みたいな感じでしたね。

――森さんはどうだったんですか？

森　ボクは大学時代から役者みたいなことをちょっとやっていまして。

――芸能界に興味があった感じですか？

森　いや、竹中直人さんとかが凄く好きだったんで、普通に俳優っていう仕事に興味を持っていたんですよ。俳優さんって役柄を演じている瞬間は最強じゃないですか？　自分も何かそういう最強な時間みたいなものがほしいなと思って、大学を卒業したあとに雑誌に載っていた劇団のオーディションを受けまして。

――それはまだ佐賀にいた頃の話ですね。

森　そうです。大学時代に劇団ひまわりにちょっとだけ参加したりとか、2年のときに文学座の受験を受けたりもしたんですけど全部受からなくて。それで大学を卒業してから劇団東京乾電池の研究生オーディションを受けたらたまたま受かったので、それをきっかけに上京してがんばっていこうと思ったんですよね。だけど演技のことが全然わからないうえに何もかもが難しすぎて、劇団員にもなれなくて、ほぼほぼフリーターみたいな状態で。

「ボクらは26で芸人を始めて、ある程度は人格が形成されていたので大人に怒られることに抵抗があった」（森）

――オーディションでひっかかっている状態っていうのは、見習いみたいなポジションなんですか？

森　芸人で言えば養成所に入ったみたいな感じですかね。そ

こから正式に事務所に所属をしてオーディションを振られるとかっていうのが劇団員、みたいな話だと思うんですよね。

——その次に進めなかったと。

森　行けなかった感じですね。なので自分でまた何かオーディションを探して受けるっていう状況に戻った感じで。

——そこからどうしてお笑いに行こうと思ったんですか？

森　いや、ボクはお笑いというものはまったく目指してなくて、でも26のときに地元にまだ残っていた江口から連絡が来たんですよ。

江口　俺がたまたま見つけた素人お笑いコンテストの出場募集があったんで、それにちょっと試しで出てみようと思ったんですよ。まだ佐賀にいたんですけど、一緒にやってみようと思った仲のいい友達が東京に行っていて、その友達に電話して「ちょっとやるか？」って聞いたら「いや、ちょっとやれない」って断られて、そのときにその友達とルームシェアしていたのが森で。だから「じゃあ、そのまま電話を森に代わってくれ」って言って、森に「やるか？」って聞いたら「やる」って言うものですから。

森　それは「芸人になろうよ」って誘われたんじゃなくて、「お笑いコンテストがあるから参加してみないか？」っていう誘いだったんで、それだったらっていう。ボクもほとんどフリーターみたいな状態だったし。

——そこからふたりでネタを作り出したんですか？

江口　そうですね。

森　まあでも、べつに上京とかまでは行ってなくて、江口が地元に残っているまま作ったネタをFAXとかで送ってもらって、それを見ながら電話で打ち合わせして。

江口　で、とりあえず作ってみたんですけど、「意外とできるな」って。

——そのときはどっちがネタを？

森　江口が作ってました。

江口　まあ、見様見真似というか。あのときはコントと漫才が混ざったような感じで、いま思い返せばなかなかセンシティブなネタをやっていましたよ（笑）。それで、そのコンテストで決勝まで行って。

——初めて作ったネタをやって決勝まで行った！

江口　そのままその年のM−1にアマチュアで参加したら3回戦まで行ったんですよ。「あれ？」と思って。「これ、いけるんじゃないか？」っていうので上京したんですね。

——そこでどこか事務所に入ろうかって話になったんですか？　それとも、とにかくいろんなオーディションやライブに出て行くっていう活動ですか？

森　事務所のこととかは全然詳しくなかったし、お笑いがやれる事務所はどこだとかの知識がなかったので、「なんか聞いたことがあるね」みたいな名前の事務所からオーディションを受けていってっていう感じでしたね。

――その中に浅井企画があったんですね。

江口　ありました。浅井企画がいちばんやさしく受け入れてくれて（笑）。

森　そのときはボクらももう26だったんで。

――いまでこそ26でお笑いを始める人って普通ですけど、その頃って少ないですよね。「なんか、おっさんが来たな」みたいな（笑）。

森　本当にそうなんですよ。だからフレッシュな若手を探しているナベプロさんとかは書類でダメでしたし。あとはボクらも26である程度は人格が形成されているので、そこで大人に怒られるっていうことに抵抗があって（笑）。でも浅井企画さんは凄くやさしかったんで。

――森さんがギターを弾き出したのはネタのためだったんですよね？

森　そうですね。当時『ライオンのごきげんよう』という番組の1コーナーをまかされていて、要するに「歌でゲストを紹介してください」と。それは『あらびき団』から話が来た流れだったんですけど、当時はアカペラで歌っていたから、ごきげんようのコーナーでもふたりでアカペラで歌ってゲストを紹介していたんですね。それが担当ディレクターから「ちょっと画が弱いから」っていう理由で、「来週からどっちか片方がギターを持っておいて」って言われたんですよ。それで「じゃあ、おまえ」って選ばれたのがボクだったんで、そこからギターを弾くようになったんですね。

――そこで「いや、ボクはギターを弾けませんけど」って言わなかったんですか？

森　もちろん言ったんですけど、「いや、弾けよ」って（笑）。

江口　まあ、昔でしたからね（笑）。昔の老舗番組ですから「無理です」なんて言えないもんね。

森　もう有無を言わさずだったね。それで毎週ボロボロのギターを抱えてそのコーナーをやって。

江口　全然できてなかったですからね。メロディは自分たちで作ってるんですけど、コードを知らないから音楽に詳しいスタッフが曲にコードを与えてくれて、それを必死に覚えるっていう感じで。

「好きな女性と肉体的にも精神的にも
すべてそのままをぶつけ合う。
それに勝る刺激みたいなものはない」（江口）

――江口さんは過去にバンドをやっていて、ギターも弾けたりしなかったんですか？

江口　いちおう弾けなくもないんですよ。いまもギターは持っているし、よく弾いてるんですけど、人前で弾けるほどではないというか、俺が好きなボーカリストたちはギターを持っていないっていう。ボーカリストがギターを持つのって、なんかカッコつけってていうか。

森　俺に持たせておいてなんだよ！（笑）。

江口　あれって手持ち無沙汰だからギターも持っちゃうみたいな。俺はチャゲアスが好きなんですけど、ＡＳＫＡがギターを持ってるのとかは嫌いなんですよ。そこはＣＨＡＧＥに譲ってもいいはずだし。

森　でも、べつにＣＨＡＧＥだってギターはいらないと思ってるよ（笑）。

江口　カッコつけるためにギターを持ってないで、ボーカリストは全力で歌だけやれよっていうのが俺のモットーなので。

森　あのときにディレクターが江口のほうを指差してたら、江口がギターを弾いてたのかな。

江口　なんとなく、あのときからメインボーカルは俺だったんだよね。俺らはチャゲアス世代で、森はＣＨＡＧＥ派なんですよ。

――じゃあ、形としては江口さんがＡＳＫＡであり、森さんがＣＨＡＧＥでありで、ちょうどよかったんですね。

森　そうですね。やっぱＣＨＡＧＥがいないＡＳＫＡは魅力が半減していますよね。ＣＨＡＧＥがいてこそのチャゲアスなので。

江口　だから俺にもＡＳＫＡ的なメンヘラがあるんですよね。

森　それは偏見だろ！（笑）。

江口　偏見じゃないよ（笑）。

――江口さんはちょっと精神が不安定なんですか？

江口　やっぱり不安定ですよ。だから女性にも依存するんですよ。いまは家族もいますから、だいぶ落ち着いてはいますけど、もともとの俺はヤバかったですから。

森　江口の女性への依存度は非常に高いですね。

――だって江口さんは付き合っていた彼女のことが好きすぎて、それでコンビを1回辞めているわけですよね。それって「もうお笑いなんてやってられない！」ってなっちゃうんですか？

江口　それもそうですし、女性に愛されていることで自分が存在していることを確認するみたいなことがありますよね。

――それで満足しちゃうってことですか？

江口　満足するというか、見返りがあるじゃないですか。魂のやりとりができるというか。肉体的にも精神的にもすべてそのままをぶつけ合う、それに勝る刺激みたいなものはないという感じですよね。

森　江口はそういうことばっかで悩んでますよ。「俺はふたつ与えたのに、あの女のコは俺にひとつしか与えていない」とか（笑）。

——等価で返ってきていないと（笑）。

江口　だから、かならず破滅に向かう愛し方しかできないんですよ。

——先ほど「女性は存在していること自体が尊いんだ」と言っていたこととは、また話が変わってきた気がするんですけど（笑）。

森　いや、だから好きな人には「より深く」になっちゃうんですよ。

——独占したいんですか？

江口　そうですね。だから遠くで見ているくらいがいいんでしょうけど、1回そういう関係になってしまうともうダメですよね。

森　10代の頃からそういう感じなので。

——でも家庭を持たれてからは、そこもだいぶ落ち着いたと。

江口　30過ぎたあたりから「俺はこの感じでしか女性とは関われないから、これはもう無理だ」と思ったんですね。「結婚して幸せになるとか無理だ、誰と一緒になっても破滅に向かう」と。でも、そういう中でいろいろと縁があり、やっと心が自由になったというか、ようやく刀を下ろせたというか。

——「もう俺は人を傷つけなくて済むんだ」と（笑）。

森　本当にそうですよ。ボクも少しホッとしたというか、誰かの綱につながっているっていうのは絶対にいいじゃないですか。

江口　だから森は昔、何度も俺の痴話喧嘩の仲裁で夜中に呼び出されて。

森　夜中の4時に電話が来るんですよ。「ちょっと来てくれないか？　俺、このままだと殺しそうだ……」って（笑）。

江口　殺すか殺されるかのどっちかみたいな（笑）。

森　それで行ったら、江口がアパートの廊下に裸足で突っ立ってるんですよ。彼女のほうは部屋の中にいて、そこでボクはチェーンのかかったドアの隙間から「ちょっと開けてもらってもいいかな？」って感じで（笑）。

江口　森はネゴシエーションがうまいんですよ。

「個人間でのLINEのやりとりを見たい願望とかって本当にいやらしいし、そっちのほうが下品で変態的です」（森）

森　それぐらい女性への依存も愛も強いから、歌に昇華されているのかなと思いますね。

江口　いまも結婚しているだけで、渇望は昔と何も変わっていないですからね。

——渇きは永遠にある（笑）。

江口　それこそ「ヤリてえな」「揉みてえな」ってのは、結婚とは何も関係ないですもんね。

――でも、いまのご時世でそういうことを言うと毛嫌いされるから、気をつけなきゃいけない部分でもありますよね。なかなか「ヤリてえな」「揉みてえな」っていうのは言いづらいと思うんですけど、そこはやっぱり結婚しようが変わらないですか？

森　変わらないですね。

江口　そういう風潮が凄く嫌だなと思いますけどね。最近だと神奈川の黒岩県知事の件とか、ああいう記事を見ると誰よりも腹は立てていますよ。

――10年以上前の交際時の文面を出されるのはダメですよね。

江口　ＬＩＮＥとかメールのやりとりを出されるのは本当に嫌ですよ。それは相手が友達とかでも嫌でしょ。それを「変態！」みたいな感じで言われていますけど、そんなの女性とのＬＩＮＥで気持ち悪くないことなんてありますか？　それを出すっていうのは本当にひどいな。ＬＩＮＥのやりとりを出しちゃダメみたいな法律とかできないかな。本当に。

――いまはそれにお怒りということで。

江口　まあ、ずっと憤っていますけどね。

森　個人間でのＬＩＮＥのやりとりを見たい願望とかって本当にいやらしいし、そっちのほうが下品で変態的ですよね。それよりもかわいいと思った女のコに「かわいい」とか、好きなコに「好きだ」と言っているほうが健康的じゃないですか。

――むしろそうですよね。

江口　言論の自由とかがなくなっている一方で、そういうのは晒してもオッケーっていう、めちゃくちゃな状況に最近なってきているなと思って。

――どぶろっくが歌っている曲に対して、ハラスメントだっていう意見はあるんですか？

江口　まあ、それは常にありますよね。どこの会場に行ってもすべてオッケーみたいな、みんながウェルカムっていう状態ではないですよ。だから、たまにほかの漫才師さんやコント師さんがいいなって思いますよ。ネタがおもしろい、おもしろくない、ウケる、ウケないでやっている状況はいいですよね。でも我々には最初から嫌悪みたいに感じている人がいるから、それは普通につらいなと思いますね。「ごめんね！」って（笑）。

――「ごめんね！」（笑）。

江口　でも笑ってくれる人もいるから、下ネタじゃなければ嫌悪はないんだろうなとか。で、俺のほうがけっこうメンタルが弱くて、森はあまりそのへんは気にしないんですよ。

森　そうですね。ちょっとだけ嫌っている人がいるっていう状況がいいなってボクは思っていて。みんながウェルカムじゃないっていうのも安心できるというか、凄くウェルカムな現場とかに行くと逆にボクらが戸惑っちゃうんですよ。

江口　あー、それもあるね。

――「どうぞ、今日はたくさん下ネタを言ってください！」って言われると困っちゃう。

森　下ネタがウェルカムな世の中こそ、ボクはむしろ怖いぞと思っているので。

――ちょっと規制が入ったところを、かいくぐりながら行くのがいいっていう。

森　だから歌ってはいますけど、下ネタウェルカムな世の中にはなってほしくない。本当に下ネタは減ればいいのにと思ってます（笑）。

江口　そうなんですよ。「もっと受け入れてくれよ」なんて全然思っていないし、やっぱり端っこでいいですし。だから下ネタ祭りみたいなところに行くと逆に俺らは弱いです。

森　下ネタ祭りは嫌ですねえ。

江口　本当に勃たなくなるんですよ。メンタル的なものがあって、風俗とかラブホテルとか「セックスしなきゃ」みたいな状況のときに100パー萎えるんですよ。ヤラなきゃいけないって強制されるのが嫌ですし、それはやっぱりエロとは違う。エロというのはどこか抑制されているところでいちばん輝くものだから。

――階段の踊り場でするセックスがいちばんいいってことですよね（笑）。

江口　そうそうそう。クルマの中、ビルの隙間とか。「そこでしちゃダメ！」っていうのがいいんですよ。

森　エロってなるべく自然に湧き出るものじゃなきゃいけないですよね。べつにエロをどんどん出すマシーンになりたいわけじゃなく、じわじわと湧き水みたいにずっと出ているのがいいと思うので。

江口　でも俺らは3カ月に1回、ちっちゃなライブハウスでやってるんですけど、そこに来ていただく女性とかはけっこう上品な方が多いというか、自分たちでもビックリしますね。全然みんな紳士淑女みたいな感じだから、下ネタとかってあまり意識していなくて、ただのラブソングとして聴いてくれてるんじゃないかって思うんですよ。それは俺らもそうで、下ネタの歌を作っているっていうよりもラブソングを作っている感じですからね。

森　愛こそすべて、だね。

NEIGHBORHOOD
EST. 1994
CRAFT WITH PRIDE / TOKYO

どぶろっく
保育園から大学まですべて同じ学校だったふたりが2004年9月にコンビ結成。お笑いコンビとしてのほかにミュージシャン「どぶろっく」としても都内ライブハウスや各種音楽フェスなどに出演中。『あらびき団』四天王トーナメント2018「あらびき最強四天王神」獲得、TBS『キングオブコント2019』優勝。浅井企画所属。

森慎太郎（もり・しんたろう）
1978年10月7日生まれ、佐賀県三養基郡基山町出身。（写真・左）どぶろっくのツッコミあるいはボケ・ギター&ボーカル担当。趣味はバイク ギター、ゴルフ。

江口直人（えぐち・なおと）
1978年4月4日生まれ、佐賀県三養基郡基山町出身。（写真・右）どぶろっくのボケ・ネタ作り及び作詞作曲&ボーカル担当。趣味は爬虫類飼育、特技は恋。

大井洋一（おおい・よういち）
1977年8月4日生まれ、東京都世田谷区出身。放送作家。『はねるのトびら』『SMAP×SMAP』『リンカーン』『クイズ☆タレント名鑑』『やりすぎコージー』『笑っていいとも!』『水曜日のダウンタウン』などの構成に参加。作家を志望する前にプロキックボクサーとして活動していた経験を活かし、2012年5月13日、前田日明が主宰するアマチュア格闘技大会『THE OUTSIDER 第21戦』でMMAデビュー 2018年9月2日、『THE OUTSIDER第52戦』ではTHE OUTSIDER55-60kg級王者となる。

バッファロー吾郎Aの
きむコロ列伝!!

Buffalo Goro A

第137回 2023年3月の日記

バッファロー吾郎A

バッファロー吾郎A/本名・木村明浩（きむら・あきひろ）1970年11月24日生まれ/お笑いコンビ『バッファロー吾郎』のツッコミ担当/2008年『キング・オブ・コント』優勝

今年も病院通いが続く中、初めて訪れる場所があったり、いろんな市町村のTシャツをプロデュースするプロジェクトが始動したりなど、いろんなことがあった2023年3月の日記をココに掲載したい。メモ程度なので見直してみて「これは何だ?」というモノもあるので補足説明的なモノも入れてみた。誰も興味がないと思うが暇つぶしにご覧いただきたい。

3月1日　77・8キロ
八代市から帰京。

熊本県八代市のTシャツをプロデュースさせていただき、そのPRも兼ねてのYouTube撮影。八代には初めて訪れたが、桃鉄でトマトやイ草や晩白柚などが有名なのは知っていたので初めてじゃない感覚。

ヤツシロヤというYouTubeチャンネルの登録をよろしくお願いします。

日付の下の数字はその日の朝に測った体重である。

3月7日　77・0キロ
点滴入院。

3月9日　77・7キロ
退院。

こんなことを言ってはいけないが、退屈だし飽きてきた。健康がいちばんの宝。

3月10日　77・8キロ
『地上最強刃牙展ッ!』名古屋のロケ。

プライベートで東京の『刃牙展ッ!』を観ていたが2度目でも十分面白かった。名古屋のロケなんて何年ぶりだろう。

3月13日　77・5キロ
角田龍平のメモリーガル収録。

オール巨人師匠のお弟子さんであり、現役の弁護士でもある角田君のポッドキャストのゲストに呼んでもらった。角田君の話は毎回面白い。

3月14日　77・8キロ
『歩子1グランプリ』の審査員
1年間自身で考えたタイツ芸と一発芸の最強ならぬ最笑をトーナメントで決める超ストイックな配信。毎回笑いを超越していくのが凄い。

3月15日　78・0キロ
歯医者さんへ。
奥歯の詰めモノが取れた。歯医者さんいわく寝ているときにもの凄い力で噛みしめているので硬いセラミックが真ん中から割れたらしい。

3月17日　77・5キロ
『志の輔らくご in PARCO 2023』配信視聴。
志の輔師匠の落語でまたも泣いてしまった。オープニングのお話はスポーツがテーマだったが1月の公演を収録したモノだったのでM-1に関してメッセージがあったような気がした。志の輔師匠の昨今のコンテスト論を聞いてみたい。

3月20日　77・7キロ
病院へ。
主治医の先生が親身になって相談に乗ってくれるのでありがたい。『主治医の先生』って『頭痛が痛い』みたいな表現っぽいが『主治医が』と書くのは気がひける。花粉症の薬を生まれて初めて処方してもらう。朝イチで行って激混み。午後の予定に遅刻する。

3月24日　78・0キロ
『たぶんこれ銀河鉄道の夜』を観劇。
脚本・演出はヨーロッパ企画の上田誠君。私は宮沢賢治の『銀河鉄道の夜』を読んだことがないが、原作を知らなくても存分に楽しめるというか原作の面白さをお芝居を通してプレゼンしながらオリジナリティ溢れる作品になっているのが面白かった。

3月25日　78・2キロ
とんでもない依頼が。
条件つきだが夢のようなオファーが。何がなんでも勝っていただきたい。

3月26日　77・3キロ
猪木vsグレート・ムタを視聴。
CSの録画を視聴。当時の地上波放送を観て以来2度目の視聴。当時は名勝負とは思えなかったが、いま観るとメッチャ面白い。お笑いでたとえるならダウンタウンさんと霜降り明星2組の番組で、ダウンタウンさんが霜降りが思い切り出来るように一歩下がって見守っている感じか。
毒霧にまみれた顔でマイクを持つ猪木さんがカッコよすぎる。

3月30日　77・2キロ
『超キン肉マン展』へ。
アニメ放送40周年記念ということでアニメの名シーンがズラリと。超人オリンピックのポスターがカッコいい。贅沢を言わせていただくのなら、会場がココの10倍以上あってもキン肉マンなら十分に見れる。

姉さん、ボクの2023年3月はこんな感じでした。

人と人をつなぐ
THLETE COMPANY

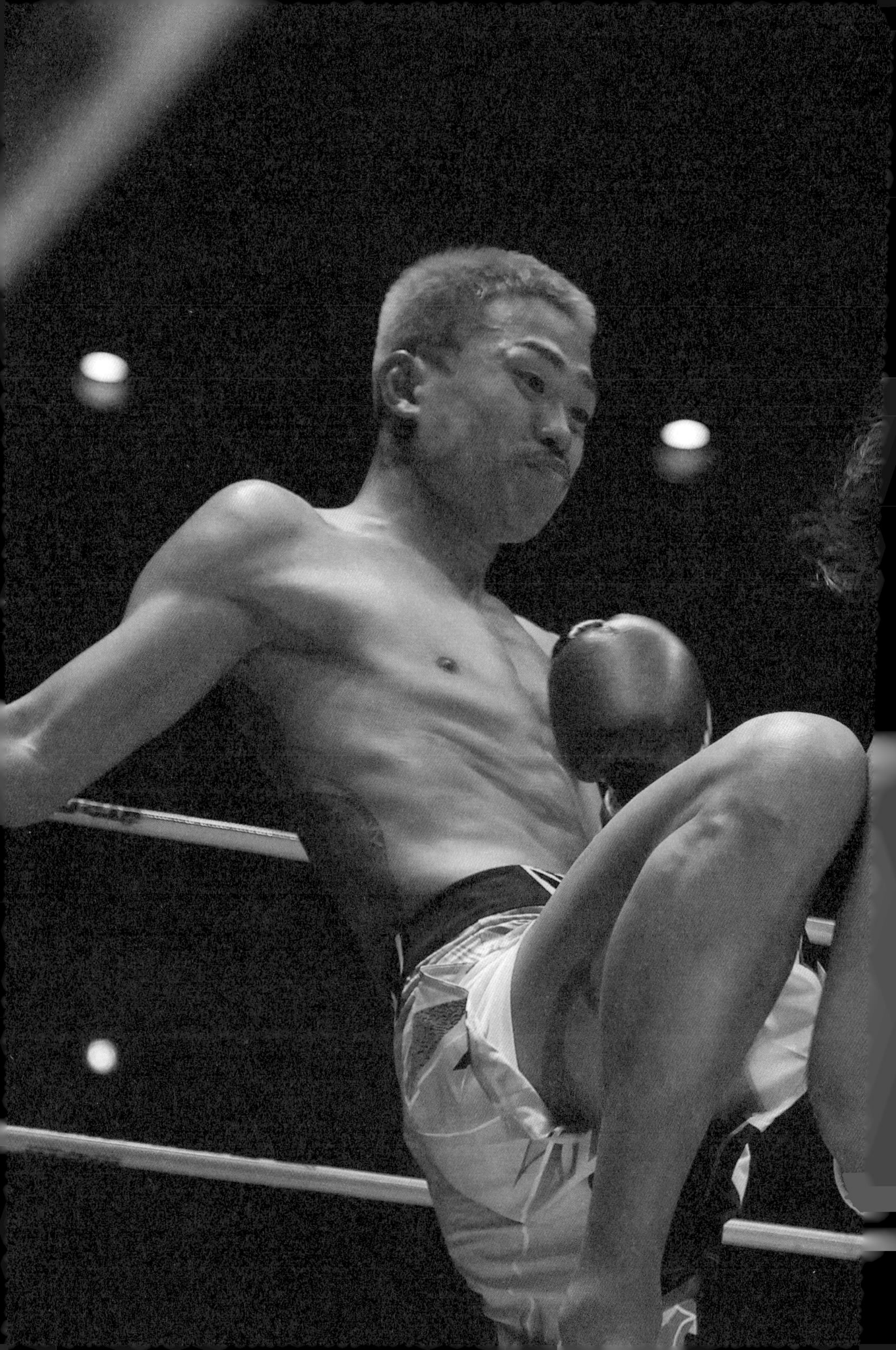

芦澤竜誠
マッコイ斎藤

「すげえわかっているはずの格闘家たちが
『絶対に皇治が勝つ』って
言っていたのがうれしかったっスね〜」
「無難な言葉を選んで人に
嫌われないようにとか、怒られないように
なんてのはいうのはクソ食らえですよ」

収録日：2023年4月10日
撮影：タイコウクニヨシ　試合写真：©RIZIN FF
構成：井上崇宏

RIZINデビュー・皇治戦激勝の余勢を駆って
ぶらり喧嘩旅の最凶タッグがやってきた!!

WAY OF LIFE
THE NORTH FACE

RIZIN初参戦を果たした芦澤竜誠が4・1『RIZIN.41』で皇治との因縁対決を判定2－1で制す!!
今回はその勝利を祝し、ただいま大人気配信中のYouTubeチャンネル『芦澤竜誠と行くぶらり喧嘩旅』で、芦澤と一緒に喧嘩をしながら日本全国（たまに海外）を巡る旅に出ているテレビ演出家のマッコイ斎藤氏にも登場してもらって、皇治戦の振り返りや、芦澤の今後の展望についてあれこれ聞いてみた。

「今回負けてたら喧嘩旅も終わりだという気持ちがあったんで、なんとしてでも勝ってやろうって思っていました」（芦澤）

――芦澤さんのRIZINデビュー戦勝利を祝して、芦澤竜誠をもっともよく知るマッコイ斎藤さんにもご登場いただき、いろいろとお話をうかがえたらと思っています。

マッコイ　まあ、かれこれ3年くらい彼とは一緒にいて、ずっと旅をしていますからね。まずね、今回の皇治選手との試合は、YA－MAN戦のときとはまったく違ったというか、入場を見た時点でなんとなく勝つことがわかっていましたね。

――3年もお付き合いされていると入場シーンでわかるんですね。

マッコイ　本当にわかります。立ち合いから落ち着いていたんで、俺は一緒に観ていた人に「あれ？」って言ったくらいですよ。芦澤竜誠って男はカッカしてるとすぐに行っちゃうんですよ。カーンと同時に「コノヤロー！」って喧嘩ファイトで行くんだけど、今回はスッとうしろに引いて距離を取ってたんで、これは落ち着いてるからいけるなって。

芦澤　たしかに落ち着いてたし、全然あせってなかったッス。

マッコイ　試合前に1回だけ練習を見に行ったんですけど、ちゃんと距離を取ってまわっていく、左、右とまわる作戦というか、俺は素人ですけど、あの練習通りのことを試合でも1ラウンドからやってるから「あら？」と思って。

――「あら、冷静」と（笑）。

マッコイ　冷静なときの芦澤竜誠ってのは強いんですよ。そうしたら案の定1ラウンド、2ラウンド、3ラウンドと全部取ってたから「あっ、これは圧勝だ」と。

――戦前は完全に「皇治有利」というムードでしたよね。

芦澤　もう9割くらいはそう思っていたでしょ。俺のファンは「芦澤が勝つ」って信じて言ってくれてましたけど、すげえわかってるはずの格闘家たちが「絶対に皇治」って言ってましたよね。格闘技に深いヤツほど「皇治が勝つ」って言ってたんで、俺は凄い楽しみだったし、うれしかったッス。「全部ひっくり返してやるよ」と思ってたんで。

——自分が負けると思われている状況がうれしかったですか？

芦澤　「芦澤が勝つ」とか言われるのってあまり好きじゃなくて、やっぱ予想を全部ひっくり返すのがおもしろいから。皇治自身も「イージーファイト」とか「イージーマネー」とか言って、もの凄いバカにしてきたじゃないですか。もうみんなもアイツの口にだまされて「芦澤は負ける」ってなったんですけど、うれしかったっスね〜。それで今回、俺は試合前から皇治に「もっと仕上げてきてほしい」って言ってたけど、アイツはいつもより仕上がってなかったと思ったんですよ。もっと万全な状態で仕上げてきてもらったら逆に倒せてたっス。でも皇治がビビって入ってこれなかったから倒せなかったんですよ。

——万全に仕上げてきていたら逆に倒せていたと。

芦澤　だから俺の飛びヒザで顔面を切ったけど、もっともっと前に出てきてくれるんだったら、もっといろんなところが切れてたと思うんですよ。いつもの皇治の感じで「オラー！」って入ってきてくれたらKO決着できたっスね。

マッコイ　俺は彼の試合はずっと観てるんですけど、調子がいいときはダンスを踊るかのようにパンチとキックを繰り出してくるんですよ。それって挑発とかじゃなくてノッてるんですよね。それが皇治戦でも見えたから「あっ、勝ったんじゃないか」と思って。俺の独特な見方なんですけど、勝つ踊りが入ってるみたいな。

芦澤　あー、たしかに。それは本当にわかります。だって俺は試合の前日会見でも「明日は踊るように闘う。俺が踊るように闘ったら、足にある龍（のタトゥー）も動いているように見えるから、みんな楽しみにしててくれ」って言ってるんですよ。で、そのままになったっスね。

マッコイ　なるほどね。

——今回の勝利で、『芦澤竜誠と行くぶらり喧嘩旅』にもまた箔がつきますね。

マッコイ　おとといも喧嘩旅でふたりで京都に行ってきたんですけど、彼は「負けてたら喧嘩旅はもうなかった」って言ってましたね。

芦澤　いやもう、今回負けてたら終わりだと思ってました。そういう気持ちもあったんで、なんとしてでも勝ってやろうって思っていましたね。絶対に勝つためにはギャンブルをする必要はない、そもそも俺のほうがテクニックも手数も上だし、そこは自分を信じて最後まで冷静に闘いましたね。もう勝ちを確信していたんで。

「喧嘩旅は、俺が『バカヤロー！』って言って芦澤竜誠をキレさせるだけですから打ち合わせなんかないですよ」（マッコイ）

——芦澤さんはやんちゃでいて、そういう大人っぽさも兼ね

AKRACING
IFE ON THE
THE NORTH FACE

AKRACING
FE ON THE
oasis

備えているところが、ちょっとズルいなっていう気もするんですけど（笑）。

芦澤　クレバーに闘いましたね。俺はクレバーっスね。

マッコイ　俺はいろんな格闘家を見てきましたけど、彼はリズムが全然違いますよ。

――喧嘩旅を観ていて、「どうしてこのふたりはこんなに相性がいいんだ？」っていつも思っているんですよ。

マッコイ　最初からおもしろくなるってことは見えてたんですよ。ＡＢＥＭＡの『格闘代理戦争』で彼と2年くらい一緒にやっていて、彼の本当の性格、後輩思いな部分、根底のやさしさとか言葉のおもしろさ、ブチ切れる瞬間の振り幅、それを全部を見てきたんで。最初は俺も会場で「アハハハハ！」って笑ってたんですよ。だってお客にブチ切れるんですよ？「すっげえおもしれえな！」って（笑）。それと、こう言えばああ言うっていう返しのスピードもいい。武骨に見えますけど、じつはめちゃくちゃ繊細ですから。

――クレバーで繊細。

マッコイ　もうミリ単位でいろんなことを見る男ですから。その男に俺が喧嘩旅で「バカヤロー！」とかって言ったときに、繊細でどっかで人を見ているから、どういう言葉を返してくるのかってところがおもしろいんですよ。だからすぐにＡＢＥＭＡさんに企画書を出して「アイツをブチ切れさせる旅をしたらめちゃくちゃおもしろいよ」って言って相談して。

――あっ、喧嘩旅はマッコイさんが企画してスタートしたんですね。

マッコイ　そうですよ。それで「マッコイさんには見えるんですか？」って言うから、「めちゃくちゃ見えるからやらせてくれ。いや、本当ですよ」って。

――完全におもしろいが見えると。

マッコイ　だから何も打ち合わせなんかないですよ。俺が「バカヤロー！」って言って芦澤竜誠をキレさせるだけですから。俺が旅という常識のフレームで彼に接して、彼の非常識を怒ればいいだけなんですよ。でも彼には彼の考えがあっての非常識だから、そこで絶対に喧嘩になるわけですよ。彼が「テメーに言われる筋合いはねえよ、コノヤロー！」って言うのには「俺はお世話にもなってねえし、コノヤロー！」みたいな繊細さのフレームがあるわけだから。そこは普通の選手とは違うんですよ。まあ、最初はハマるかどうか怖かったですけどね。絶対におもしろくなるって言ってはみたものの。

――一抹の不安が。

マッコイ　一抹の不安はあったけど、案の定、最初のロケでスケボーに乗ってきたんで「あっ！」と思って、すぐに「スケボーなんか乗ってロケに来るんじゃねえよ、バカヤロー！

小僧！」って言って叱れるじゃないですか。そうすると彼は「なんだコノヤロー！　おまえにスケボー乗るなとか言われたくねえよ、ジジイ、コラッ！」ってなるわけですよ。「クルマがちっちぇーしよ、コノヤロー」とか。そういうのは俺は狙って用意してるんですけど。

――芦澤さんにツッコませるために、わざとちっちゃいクルマを用意してるんですか（笑）。

マッコイ　だから彼には台本なんかいらないんですよ。

――たしかにおふたりのかけ合いにはよどみがないんですよね。反射神経で会話しているというか。

マッコイ　何も考えてないんですよ。

芦澤　俺は直感で思ったことを言ってるだけなんで、ずっとしゃべっていられるんですよ。

マッコイ　自分に揺るぎない考えがあるから、大人の言うことなんかまず聞かないんですよ。だからそこで「聞け！」って頭を押さえたら文句を言うじゃないですか。その頭を押さえるのを俺がやってるだけです。ビビるとダメですよ。ビビって言いたいことも言えない大人たちが逆に彼をダメにしちゃうんですよ。

――ちょっとややこしいですね。

芦澤　そういう人間たちに対しては俺は「ふざけんな！」って言って、そのまま帰っちゃうんで。そうやって俺が誰にも媚びないところがいいんじゃないですか？　お金にも媚びてないし、何に対しても媚びてないんですよ。ただ、自分がカッコよくいたいだけなんで。

――30年近く生きていると、そういう部分ってどこかで去勢される場面があると思うですけど、どうしてこの生身のまま来ることができたんですかね？

芦澤　親っスね。お父さんにもお母さんにも「好きにしな。捕まらなきゃいいよ」って言われてたんで。だから俺は昔から先生から何を言われても全部論破してきたから。

――先生を論破（笑）。

芦澤　全部論破してるから、大人は誰も俺に何も言えなくなるんですよ。俺が言ってることが図星だから何も言えないし、10代のときからずっと論破っスね。

マッコイ　だから俺がたまに喧嘩旅にお母さんを出すのは、それですよ。

――「お母さん、息子さんがバカみたいなネックレスを着けていることはご存知ですか？」とか（笑）。

マッコイ　お母さんは本当に素晴らしい人ですよ。顔に入れ墨をやってても「べつに〝PEACE〟っていう言葉だったら」っていうくらい寛大な人ですね。

芦澤　最初に背中に入れ墨を入れるとき、絶対に親に反対されるっていうのはわかってたんで、入れたあとに「あっ、入

れたよ」って言おうと思ったけど、それもなんかダサいなと思って。だから先に「俺、入れ墨を入れるよ。どうせダメって言われても入れるからオッケーだけ言って。俺もこそこそ入れたくないから」って言ったら「全然いいよ」みたいな。

「そもそも歌を歌いながら出てくるファイターって世界中で俺だけだと思うんですよね。唯一無二っスね」(芦澤)

――ダサいということに敏感だと、友達が少なかったりしませんか？

芦澤 あー、俺はすぐに切るっス。「おまえと友達って思われて俺には得がねえし」「おまえみたいなダサいヤツと友達と思われたくねえし」って。結局は俺の基準なんですよ。だからカッコ悪いヤツには「おまえ、それやめろよ。仲間なんだからそんなことしてんじゃねえよ。カッコ悪いな」って言うんですけど、それでも通じなかったら「おまえ、どっかに行け！」ってなるっス。そんな感じだからどんどん仲間はいないっス。でも、いま残っている仲間はマジでみんな筋が通ってるっス。すげえカッコいいヤツらっス。俺の仲間はマジでホンモノが多くて、ニセモノはそもそもいなくなってるっスね。

――じゃあ、芦澤さんが思うカッコいい、カッコ悪いの基準はなんですか？
芦澤　なんなんですかね？
マッコイ　〝ウソ〟じゃないですか？
芦澤　あー、同級生で1回俺にウソをついたヤツがいたんですよ。それで「おまえ、来いよ！」って呼んで「おまえ、ウソついたのかついてないのか、どっちか言ってみろ、コノヤロー！」って言ったら「ウソをついた」って言うから、バチーンとぶん殴ったら一発でアゴが折れたっス。だから俺はすべてのことに対して0か100なんですよ。ちょっとでも無理だったら「もういいや」ってなる。嫌なヤツと一緒にいる時間がムダだし、だって俺は全部自分でできるんですもん。だからここ何年かで言うと、俺はずっと家事が何もできなくて、お母さんとか女とかにやってもらってたんですけど、いまは全部自分でやるようになってるんですよ。洗濯も掃除も毎日自分でできるんですもん。そこらへんの女より。
——そこらへんの女より（笑）。
芦澤　そうなんですよ。やれば全部自分でできるのに、それをやらないのは自分の弱さじゃないですか。最近は身の回りをちゃんとすることで精神統一もできているし、いいほうに向かってるなと思ってるんで、ご飯から何から全部自分で作ってるっスね。それが楽しいですし。
マッコイ　だからYA－MAN戦で〝いい負け〟を食らったんだと思うんですよ。あのときに俺は言ったんですけど、「俺はやる前から負けると思ってた」と。だってナメてましたから。練習もしてねえなって思ったし。
——「コイツ、負けるな」と。
マッコイ　そうしたら案の定負けたから、たぶんそこで本気になったんじゃないかな。
芦澤　たしかに。
マッコイ　それで本気でアメリカにも行くし、向こうで本当に練習してたし。強さはここ1年でめっきり変わったような気がしますけどね。言ってもまだ20代ですから、これからいろんな嫌なことも経験しながら、どんどん大人になっていくんじゃないですか？　いろんな選手を見てきましたけど、彼は本当に突っ走る男ですから。
——マッコイさんはこういう芦澤さんとの関係性の中で、どのくらい首を突っ込む感じですか？
マッコイ　いや、俺は試合のことについては何も言わないし、べつにどうしろこうしろっていうのは言わないですね。
——そこまでカッカしたりはしないんですね。
マッコイ　しない、しない。だって俺からは「次は喧嘩旅で何をやりてえのか？」とか「あれ、よかったな」とか、そんなことくらいですよ。べつに彼の人生だし、ひとりで闘ってるから、そこであしなさい、こうしなさいっていうのは言

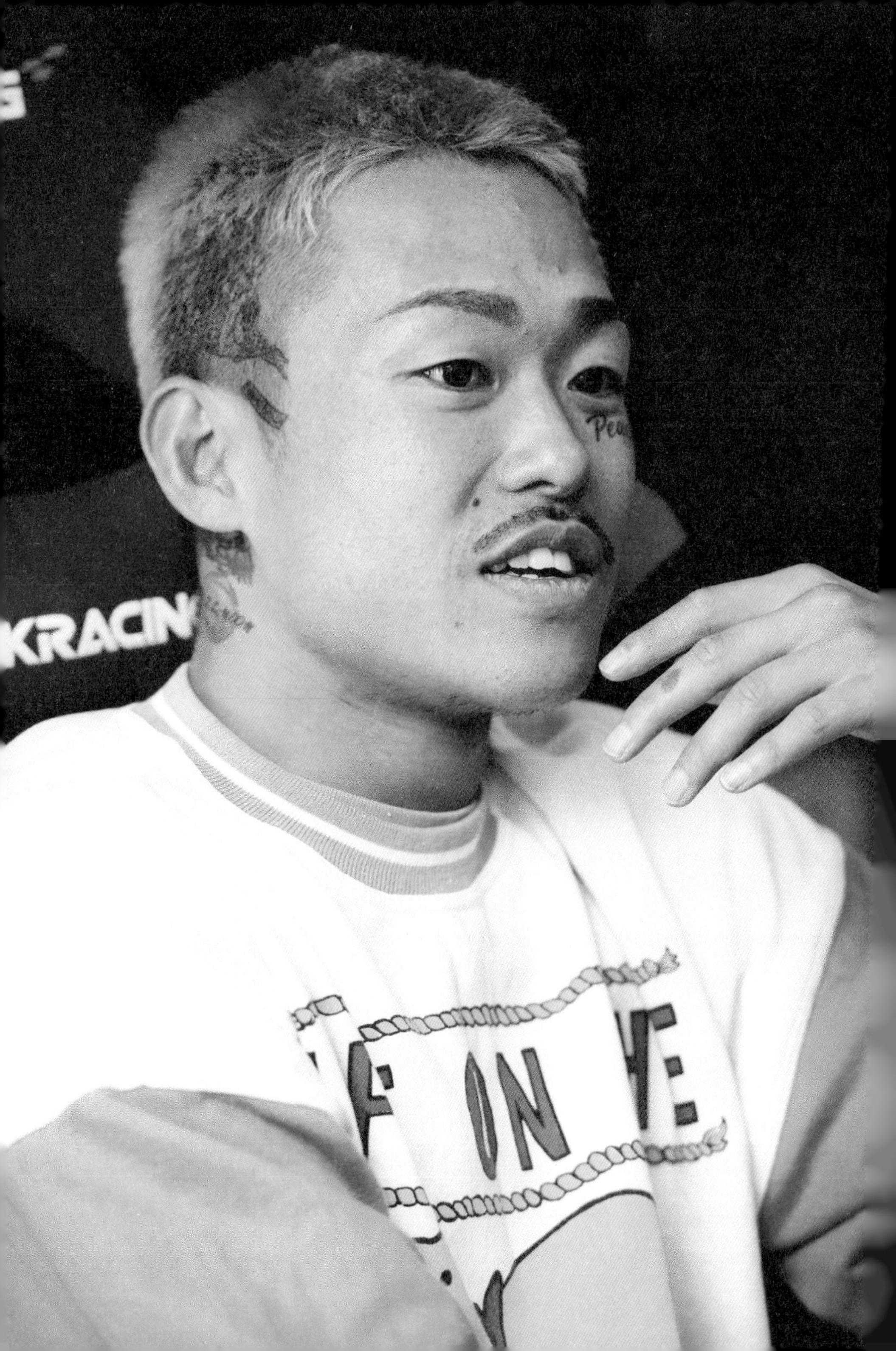

わない。俺は格闘家じゃないし、格闘家は格闘家の生き様で勝負するもんね。そりゃ何か相談をされたときは「俺はこう思うけどね」とかはあるけど、「こうしろよ」っていうのは俺は言わないです。

——そんな感じなんですね。マッコイさんは男の熱さを持っている人だから、もっと入れ込んだりするのかなと思ったんですけど。

マッコイ　彼のまわりにいる人たちを見ればわかるんですよ。ミュージシャンのＡＮＡＲＣＨＹくんとかそういった人たちとつるんでるっていうのを聞くと、「あっ、ほんまもんと一緒にいるから大丈夫だな、間違いないな」って。俺らも若いときにそういった世界の友達がいたし、８割方は入れ墨だし、そういったヤツほど熱いし、礼儀も正しいし。だからそういう目利きはちゃんとしているんだろうとは思っています。あと彼はなんだかんだで番組の流れの空気とかもわかってますよ。「これはないほうがいいんじゃないか？」とか「これはどうなんだろう？」とか、番組の構成も自分の中でわかってきているんじゃないですかね。

——勘がいいんですね。

マッコイ　いろんな格闘家と付き合ってきましたけど、このタイプは初めてですね。いままで山本ＫＩＤ（徳郁）選手、魔裟斗さん、ボクシングで言うと辰吉丈一郎さんとか、ありがたいことにそういった方々と仕事をさせていただいてきて、みんなそれぞれありますけど、このタイプはいなかったですよ。

芦澤　そもそも歌を歌いながら出てくるファイターっていうのは世界中で俺だけだと思うんですよね。唯一無二っスね。

マッコイ　あと、歳上のおっさんから好かれるんですよ。40、50の連中から「あれを今度連れてこい。あのヤロー、いつもああやって怒ってんのか？　会いてえなあ」って言われるんですよ。彼のキレ方にちゃんとしたかわいらしさがあるってことがわかってるんですよ。単に「口悪いな」「なんだ、あのヤロー」って言う大人たちじゃない、わかっている大人たちに好かれるんですよね。

芦澤　俺はバカみたいに怒ってるわけじゃないですからね。そこはマッコイさんがうまくて、俺が怒るようなことをわざと言うし、俺が瞬間で返せるようにマッコイさんも考えて俺に言葉を投げてくるから、めちゃくちゃやりやすいです。だから撮影をやるときは打ち合わせなしでいきなり「じゃあ、始めるよ」って感じで始まるんですよ。

マッコイ　ただ、ざっくりな構成は俺の中であるんで、ある程度はのびのび野球をやらせておいて、ここぞっていうときに「ちょっとこれ、こうやって」っていうところはあるんですよ。それは撮りながら俺が感じることをスッと言うんですけど、そこを理解するスピードが速くなってきてる。

芦澤　たしかにやっていくうちに「こういうのがおもしろいんだな」っていうのもわかってきたところがあるんで。最初のほうはただ腹が立って、撮影が終わったときに「胸クソ悪いな……」って思ってたんですけど。

「普通に俺らがバリバリに脂が乗っていたときにやっていたことを、いままた同じようにやっているだけなんです」（マッコイ）

――ちゃんとムカついていたと。

芦澤　女にフラれたのもそうですよ。「なんで俺が女子アナにフラれなきゃいけねえんだよ！」って思って（笑）。それがどんどんシリーズ化したときに「あっ、こういうお笑いだったのか」っていうのがわかってきて。

マッコイ　まあでも、俺から言わせると、この感覚が有吉（弘行）と似てるんですよ。

――えー！　でも言ってしまえば下敷きは完全に有吉さんですよね。

マッコイ　そうです。『我々は有吉弘行を訴える』っていうのをずっとやっていて、ああいうふうに旅をしておもしろくなりそうな人が有吉以外にこれまでいなかったんですよ。ほかの芸人で誰かいねえのかなって思ってたんですけど、格闘家から突然出てきたので「あっ！」ってなって。

――芦澤竜誠に第二の有吉さんを見た（笑）。

マッコイ　彼は芸人じゃないからこそ素の言葉が出るし、それがいまの時代にも合ってるんですよ。いまの時代はあれ言えこれ言えって台本通りにしゃべらせても、絶対にそんなのはおもしろくないので彼は好きなことをしゃべっていたらいいし、本当に怒って帰るんだったら帰ってもいい。それが喧嘩旅だと思って俺はスタートしたんで。だから「本当に腹が立つな。帰るぞ」っていういまの話は、俺の裏で言えば成功なんですよ。だって、それで気持ちよく帰らせてたら喧嘩旅じゃないですもん。

――本当に喧嘩できたら成功だと。

マッコイ　まあ、彼もこんなに有名になって、地方に撮影しに行ったらいろんな人から声をかけられて、写真を撮ってくれ、写真を撮ってくれってね、言ってもまだチャンピオンでもない男ですよ。それでもあれだけ人気があるっていうのはもうダークヒーローですよね。武尊選手や（那須川）天心選手がヒーローであれば、ダークヒーローは芦澤竜誠だと。ヒーローとダークヒーローがいる時代っていうのは強いし、ドラマとしてはおもしろいんで、ちょっとがんばってほしいなって。そこで足を引っ張って怒らせるのが俺の仕事なんで。

芦澤　いや、マッコイさんは凄いっスよ。喧嘩旅をやる前っ

AKRACING

て俺はただの荒くれ者の怖いヤツって思われてて、みんな俺に気づいても誰も声をかけられなかったんですよ。でも喧嘩旅で「あっ、おもしろいんじゃん」ってなったから、みんなから声をかけられるようになって。

――ちゃんと怖さの向こう側があったんだとわかってもらえたと。だから、たぶんこれからさらに認知が広まっていくと「かわいい」っていう声とかも出てくるんでしょうね。

芦澤　そうっスね。でも、その声がいちばん「うるせえんだよ」ってなるんですよ。

マッコイ　「かわいい」っていうのは観ている人が感じればいいわけで、こっちは狙ってかわいいわけじゃないんで。

芦澤　だからマッコイさんは、俺が「かわいい」とかって言われたら怒るのをわかってるから、「おまえ、かわいいなあ!」って言ってきて「ふざけんじゃねえよ、コノヤロー!」ってなるんですよ(笑)。

マッコイ　そうそう(笑)。

――たしかに有吉さん以来の逸材なのかもですね。

マッコイ　誰も芦澤くんみたいに「バカヤロー」「コノヤロー」って言えないもんね。無難な言葉を選んで人に嫌われないように、怒られないようにっていうのがいまの芸能界のしゃべりなので、そんなのはクソ食らえじゃないですか。そんなので俺らは育ってないし。だから普通に俺らがバリバリに脂が乗っていたときにやっていたことを、いままた同じようにやっているだけなんですよ。彼は「殺すぞ、コノヤロー!」ってストレートに気をつかわずに言いますからね。昔は有吉だって言ってたんですよ。

――地上波でも。

マッコイ　地上波でも「殺すぞ、コノヤロー!」ってみんな言ってたじゃないですか。「バカ、コラッ!」って。大仁田厚が喧嘩したりとか、バラエティの中でいっぱいやってたじゃないですか。格闘家と向き合うっていうのはそういうことなんですよ。猪木さんにビンタされるとか、本当のおっかない人たちに「てめえ!」って詰められる。それでもロケをやる。そのヒリヒリ感がおもしろいんですよ。それを俺は有吉とやってきたんだけど、彼は格闘家なのにそのアンテナがわかるんですよ。

芦澤　出てきた感情でしゃべるから言葉を選べないんですよ。記者会見でもそうなんですよ。最初から皇治のことを蹴ろうとか何も思ってないんですよ。俺はもうその場の瞬間で全部やってるんで。

マッコイ　ピーンときちゃったんだろうね。

芦澤　そうっス。だから俺と口喧嘩したらみんな勝てないです。格闘家は結局みんなバカなんですよ。芸人とかは言葉がうまいけど、格闘家はやっぱバカだから俺に勝てるわけがないんですよ。

「一般の仕事をやってるヤツらよりもつらいことをして、『俺はヤバいんだよ』って言ったほうがカッコいいなって」（芦澤）

――ちなみに勉強はできたんですか？

芦澤　俺は高校のとき、国語や英語とかはできなさすぎて単位を取ってないんですよ。でも数学だけは勉強してないのに全部できたんですよ。計算が凄いできてヤバいっスね。だから普段の行動も、頭の中では計算してないけど、勝手に計算できてるのかもしれないです。

――暗算で。

芦澤　暗算が勝手にできてて、「ふざけんじゃねえ！」とかって〝テキ〟を突いたことが言えてるのかもしれないです。あっ、的（まと）を突くか。

――本当に国語がダメそうですね（笑）。

マッコイ　俺もそうですけど、勉強はバカですよ。でも、この人はこうやって黙っているときに人を見てるんですよ。

――油断できないですね。

芦澤　そうっス。だからジムで練習をやってて、ヤバいヤツとかがいたら帰らせるんですよ。「おまえ、練習やる気がないんだったら入ってくんな！」って。

マッコイ　たぶんそういうことなんだと思うから、彼はよくジムを変えるんですよ。それで「ひとりがいい」って言うんですよ。毛細血管のように神経をバーッと張り巡らせるので、いろんなところにいちいちひっかかるんですよ。繊細だからいろんなものが目に入るし、気になるじゃないですか。そうするとひとりのほうがラクになってくるんですよ。

芦澤　そうなんですよ。

マッコイ　でも強い選手ってひとりになりたいんだけど、さらに強くなるためにはまわりの協力も必要になってくるから、今後そこでどううまく自分のテンションを張りつけていくか、調整していくかっていうのが芦澤竜誠の大きな課題じゃないかと思ってます。

――ましてや、これから新たにMMA挑戦ですもんね。

芦澤　そうそう。7月ぐらいに試合したいっスね。

マッコイ　でもね、MMA挑戦もいろんな人がバカにしてると思うんですよ。「何ができるんだよ、アイツ。調子に乗ってMMAとか言ってるけど」って言ってるヤツが大半だと思いますよ。

芦澤　みんなそう思ってるっスね。それをわかったうえで練習して、MMAをもっと深く知っていくうちに、俺はMMAのほうがヤバいと思ってるっス。なんでかって言うと、キックボクシングよりもMMAのほうが手札がいっぱいあって、

「相手がこう来たら、こうする」っていう手札をいっぱい持ってるヤツのほうが確実に強いんですよ。たとえば俺のほうが打撃が強くて、打撃では無理だとなったら俺を寝かさなきゃいけないじゃないですか。そのときのタックルとかって隙しかないんですよ。平本蓮がそんな感じでドミネーターに勝ったっスよね。だからうまいなって思ったっスけど、俺ならもっと凄い試合ができると思ってますね。俺はMMAで無双できると思います。

マッコイ　アメリカでもちゃんとMMAの基礎みたいなところからやってましたからね。俺が言うのもあれですけど、「あれ、これって基礎の基礎なんじゃねえのか？」って思うような感じのところから真面目にやっていましたね。

芦澤　YA－MAN戦で負けて、本当にやらなきゃいけないことがわかったんですよね。あそこで自分と向き合って、俺がやらなきゃいけないことはなんなのか？と。俺の場合は職業が格闘家ですけど、普通の人たちは毎日朝早く起きて、夜まで仕事をがんばってるわけじゃないですか。なのに俺はちょっとしか練習しないでイキがってるのはカッコ悪いなって思ったし、それはプロフェッショナルでもなんでもないなって思ったっスね。だから一般の仕事をやってるヤツらよりもつらいことをして、「俺はヤバいんだよ」って言ったほうがいちばんカッコいいなって。

――前に朴光哲さんも同じようなことを言っていましたね。

芦澤　朴さんがですか？　へえ～。

――「俺らなんて好きなことを1日数時間やってるだけのボンクラで、下げたくもない頭を下げたりして家族を養っているサラリーマンのほうが全然強いっスよ」って。

芦澤　たしかに。いや、そうなんですよ。

「歴代の格闘家たちからいろいろと鍛えられたような気がしますね。やっぱりKIDくんと仲がよかったんで」（マッコイ）

マッコイ　俺は芦澤くんはアメリカのほうが合ってるような気がしますね。アメリカに行ってるほうが細かいことは何も気にしなくていいっていうか。

芦澤　日本だといろんなことを、表も裏も、もう不良の仕組みから何から全部わかってるんですよ。格闘技でのカネの稼ぎ方の仕組みも、日本だったら全部わかってるんです。わかってたらつまんなくないですか？　だったら日本にいたくないなって思うっスね。まあ、わかった気でいるから調子に乗っちゃうというか、それもやっぱよくないっスけどね。

マッコイ　たぶん日本にいると、いろんな意味でまわりがいっぱいいるじゃないですか。そうするとひとりになる時間っていうのが少なくなるんですよ。彼の感覚からすると、やっぱりアメリカのほうが合ってるような気がしましたけどね。

芦澤　あと、日本にいると芦澤竜誠の存在をみんな知ってるじゃないですか。俺は全然おもしろいことを言ってないのに、みんなが俺のことをおもしろいと思って愛想笑いみたいなことをしてくるんですよ。それが腹立つッスね。「俺は何もおもしろいと思って言ってねえんだよ。おまえとは話になんないわ。次元が違うわ」ってなって話したくなくなっちゃうんですよ。「なんだおまえ、愛想笑いしてくるんじゃねえ。気持ち悪いな」ってなるんですよ。

――いやあ、感じやすいですねえ。

マッコイ　敏感ですよ。だから俺も彼とは素でしゃべりますからね。いま売れてる格闘家だからっていうので、ちょっと媚びたりするようなヤツのことが彼は嫌いなんで。

――マッコイさんには〝人に媚びる〞という概念がないですもんね（笑）。

マッコイ　俺にはできない（笑）。そこはもう歴代の格闘家たちから鍛えられたような気がしますけど、やっぱりKIDくんと仲がよかったんで。KIDくんが「マッコイさん、俺はこういうところは演出としてよくないと思う」とかちゃんと腹を割って言ってくれてたんで、こっちもひとりの人として向き合ったし。KIDくんとは売れる前から一緒にいたんで、俺は自然と向き合い方を教わったというかね。凄く感謝していますよ。

――芦澤さんも、マッコイさんみたいな大人と出会えてよかったんじゃないですか？

芦澤　たしかに。本当によかったッス。

マッコイ　俺はがんばってほしいだけなんですよ。

芦澤　マッコイさんが俺のよさを世に出してくれたんで。それまで、みんな俺のことを勘違いしてたから9割がアンチだったけど、いまはアンチなんかいないんじゃないのっていうくらいに。

マッコイ　いまはマッコイのアンチがいますからね。

――えっ、そうなんですか？（笑）。

マッコイ　彼の試合を大阪に観に行って会場を歩いてたら、サイドを刈り上げたパンチパーマみたいなヤツが「おい、マッコ〜イ！」って言ってくるから、「ああ、どうもー」みたいな。どうやら俺が喧嘩旅でやってるみたいな感じでツッコんでくるのを期待してるみたいなんですよね。つらいですよ。

――それはしんどいですね。じゃあ、芦澤さんのMMAデビューは夏あたりですかね。

芦澤　たぶんそうッスね。でも、べつに焦ってないんで。俺は31で世界を獲れるかなと思ってるんですよ。

マッコイ　喧嘩旅でラスベガスに行ったときに、最初はただ

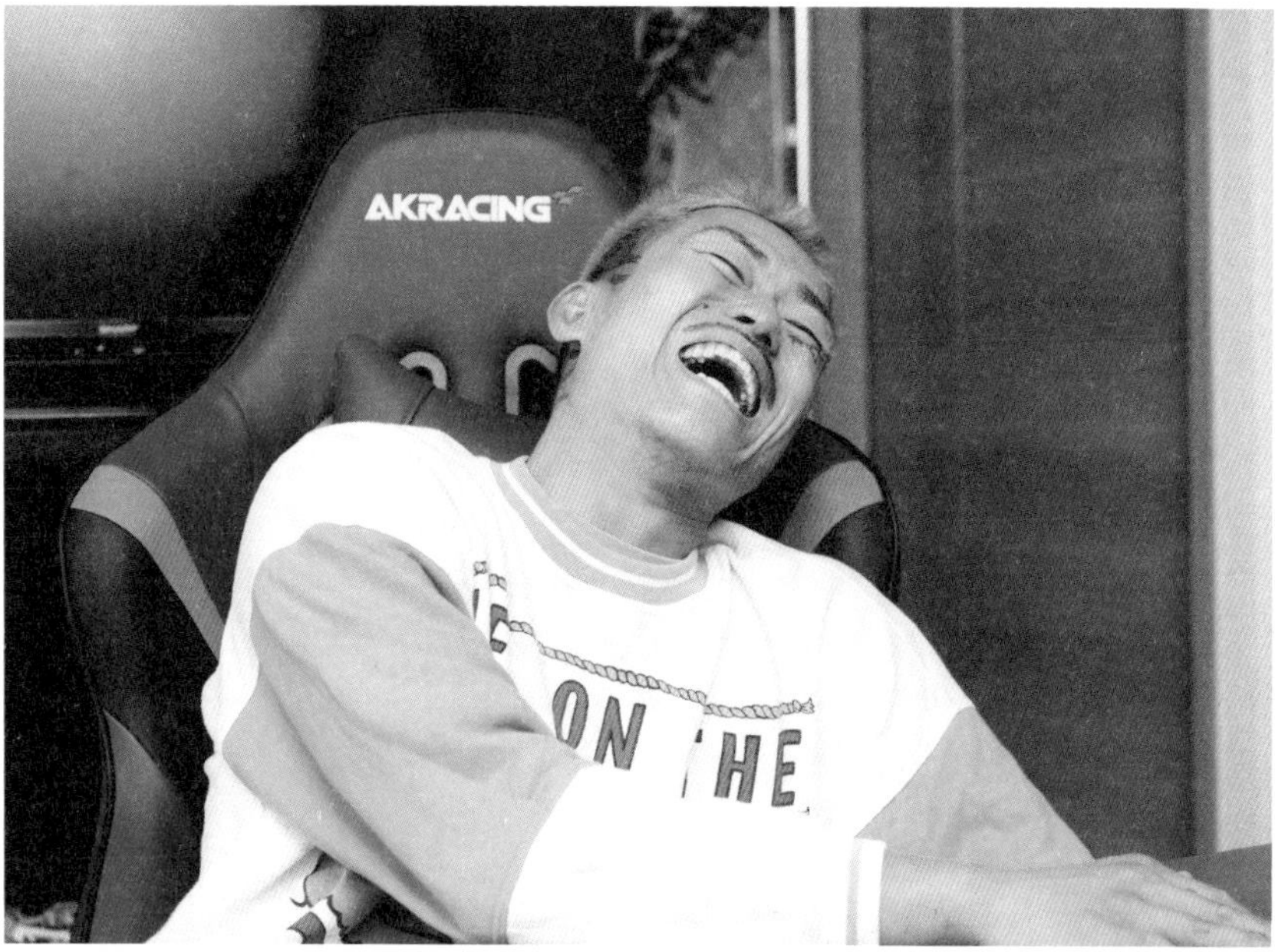

ただ街を歩いてて「すげーな、ここ!」ってテンションが上がってたんですよ。それがMGMの前に行ったら芦澤くんが突然黙り出してね。「なんで黙ってんだよ?」って言ったら、ボソッと「いや、俺、悔しくて涙が出てきたわ……」って言うんですよ。

芦澤　そうそう。

マッコイ　「こんなすげえところでマクレガーとか歴代のUFCファイターたちは歓声を浴びてがんばってんだろ。だけど俺は街をプラプラ歩いるだけで何してんだよ……涙が出てきたわ」って。まあ、これからやるしかないよね。

芦澤　そうっスね。やるしかないっス。マジでやれるっス。

HERO

芦澤竜誠（あしざわ・りゅうせい）
1995年5月1日生まれ、山梨県南アルプス市出身。格闘家・ラッパー。Battle-Box所属。
16歳のときにMA日本キックでプロデビューすると9戦9勝無敗で期待の新人として注目される。その後はINNOVATIONや新日本キックなどで経験を積み、2016年4月にINNOVATIONフェザー級王座を獲得。同年9月から主戦場をK-1に移したが、一時はK-1からの引退を表明して試合から遠ざかっていた。2020年12月にK-1復帰。2022年6月『THE MATCH 2022』ではYA-MANとオープンフィンガーグローブでの試合に臨み敗北を喫する。同年12月にK-1との契約が満了となり、MMA転向とRIZIN参戦を表明。RIZINデビューとなった2023年4月1日『RIZIN.41』で皇治と対戦して2-1の判定勝ちを収めた。

マッコイ斎藤（まっこい・さいとう）
1970年2月9日生まれ、山形県最上郡出身。テレビディレクター・演出家。株式会社笑軍・代表取締役。
テレビ業界への道を志してIVSテレビに入社して『天才・たけしの元気が出るテレビ!!』のADに配属され、のちにディレクターデビュー。その後『とんねるずのみなさんのおかげでした』などの演出で活躍する。総合演出を担当した『おねがい!マスカット』は多数のシリーズが制作されるヒット番組になる。お笑いDVDの演出も多数担当し、2002年には『PLAY BALL』で映画監督デビュー。近年はYouTubeチャンネル『貴ちゃんねるず』（石橋貴明）や『清ちゃんスポーツ』（清原和博ャンネル）の演出も手がけ、とにかくなんでも噛みつく男・芦澤竜誠と日本全国を巡る旅に出るチャンネル『芦澤竜誠と行くぶらり喧嘩旅』も人気を博している。

鈴木みのるのふたり言

第117回

「プロレスの基本」

構成・堀江ガンツ

鈴木　今日はまず言うことあるでしょ？

――えっ、なんのことですか？

鈴木　自分で言っていたこと忘れた？『アメリカまで取材に行く』と言っておきながら、行かなくてすみませんでした」でしょ！

――いやいや、それはボクがアレルギー体質でノーワクチンなんで、結局まだアメリカに入国することができないんですよ！

鈴木　アメリカ合衆国に「ガンツは入れるな」って言われたんだ（笑）。

――名指しはされていませんよ（笑）。

鈴木　まあ、それはいいけど、入国制限はだいぶ緩和されて、ウチの店（原宿『パイルドライバー』）も新日本の4・8両国前後、海外のお客さんが凄く多いんだよ。日本人のお客よりも多いくらいで。

――いま海外に比べて日本は物価がめちゃくちゃ安いし、旅行がてらプロレス観戦に来るファンがだいぶ戻ってきているんですね。

鈴木　そうだね。ウチのお客さんはもともとそういう海外からの人と、地方のプロレスファンが多かったので。もちろんリピーターもいるんだけど、最近は新規のお客さんが次々と来てくれてありがたいよ。

――で、ボクは取材に行けませんでしたが、鈴木さんは先日もレッスルマニアウィークにアメリカで試合してきたわけですよね。

鈴木　レッスルマニアがあったロサンゼルスだけじゃなく、その前にバンクーバーとニュージャージーにも行っているからね。

――じつはカナダからアメリカの東海岸、そして西海岸のLAという北米大陸周遊サーキットだったという。

鈴木　バンクーバーはサンフランシスコから乗り継ぎだったんだけど、入管があまりにも混みすぎていて、広い空港内をもの凄いダッシュしたのに乗り遅れたんだよ。ギリギリ間に合ったかと思ったら、搭乗口の係委員が「もう時間は過ぎている」「NO」の一点張りでさ、「ふざけんな！　まだ飛行機のドアは開いてるだろ！　俺はバンクーバーに行かなきゃいけないんだよ！」とか言っても埒があかなくて。結局エアポートホテルに泊まって、翌日朝イチの飛行機で向かってね。

——海外だとそういうことありますよね。

鈴木　なんとかバンクーバーに入ってそのまま会場に行ったら、プロモーターが選手を集めて「みんなに知らせたいことがある。今日は日本からミスター・スズキが来てくれている」って言って拍手もらってさ。「そしてなんとソールドアウトだ！」って言ったら選手らが「ウォー！」って盛り上がってるんだけど、俺の中では「早くやって帰ろうよ……」みたいな気持ちしかないわけ（笑）。

——旅の疲れがたまっていて（笑）。

鈴木　その大会には東京女子プロレスの伊藤麻希と山下実優も出ていたんだけど、ビックリなのが伊藤が人気あるんだよ。

——「ビックリ」ってなんですか（笑）。

鈴木　凄いウケててね。元アイドルだったからか知らないけど、表現力があるから「へえー、すげえな、コイツ。伝わってんなあ」と思って。表現するっていうのはプロレスでも大事なポイントのひとつなので。いままで東京女子の選手の試合はあまり観たことがなかったから、ビックリしたよ。試合もおもしろかったね。

——東京女子の選手は場数も踏んでいるし、しっかりした試合しますよね。

鈴木　それでバンクーバーのあと、翌朝の便でニュージャージーに飛んで、そこではクリス・セイビンとアレックス・シェリーのモーターシティ・マシンガンズのふたりが一緒で、あとはキラー・ケリー、マーシャ・スラモビッチの女のコふたりとは顔見知りだったので、「お〜、ひさしぶり〜」みたいな感じで楽しくやり、そこから飛行機で今度はロスへ。

——あいかわらずタイトな日程ですね〜。

鈴木　で、ロスではガンツが来ないから取材もなくなり、予定していたサイン会もなぜかなくなり、じゃあ新日本のロス道場を借りて練習でもするかと思って行ったら、「じつはスクールが始まるんで」って言われてさ。まあ、アメリカに行ったときはちょくちょく練習場所で使わせてもらってるから、「いつも世話になってるし、俺でよければ」って、少しだけ臨時講師みたいなことをやらせてもらってね。

——それは生徒にとってはサプライズですね。

鈴木　俺が行ったときはデビューして3、4年くらいのインディーの選手たちがいて、KUSHIDAとフレッド・ロッサーがアドバイスしていたんだけど、俺も「じゃあ、ひとつだけ」ってヘッドロックを教えたの。

——言うなれば、〝ホンモノの〟ヘッドロックを。

鈴木　みんなロックアップをやってヘッドロックにいくけど、形だけでそれがどういう攻防なのかわかっていないんだよ。だからダンスみたいになっちゃう。ロックアップはなんのためにあの体勢に組んで、そこでは両者の間でどんな駆け引きがあって、最終的にヘッドロックが取れるのか。俺が20代前半のとき、（カール・）ゴッチさんや藤原（喜明）さんから教わったことをやってみせてね。

――本当の意味でのプロレスの技っていうことですね。

鈴木　キャッチの技だね。ロックアップは左手で相手の首を抱えるけど、本当は右手が大事で、身体の向きはこうでとか細かい話をしたら、みんながみんな「ほぉー」って聞いてて（笑）。

――「ちゃんとそういう意味があるんだ」と（笑）。

鈴木　だからサイドヘッドロックも知らないんだよ。みんなフライングメイヤーは、ただ頭を持って投げる形としか思っていない。本来はサイドヘッドロックで首が極まるから、相手は投げられるんだから。ちょっと梅木（良則レフェリー＝パイルドライバースタッフ）にやってみせるよ。

――よろしくお願いします（笑）。そのサイドヘッドロックって、猪木さんがよくやっていましたよね。

鈴木　猪木さんっていうかプロレスの基本ですよ。（ここから実演）こうやってクラッチを組んで、こう絞ると相手の右足に体重がかかるから左足が上がるんですよ。だから身体をこっち向きに変えると、ポンッと投げられるというね。

――なるほど～。文字では伝わらないでしょうけど（笑）。

鈴木　これは（ビル・）ロビンソンや猪木さんも同じことを言ってたけど、昔の人が当たり前にできたものがいまは失われて、首を持って投げるだけの形になっちゃってるから。俺が昔の人から教わった昔の技ではあるんだけど、「でも、これがベーシックなんだよ」っていう話をしてね。

――ロックアップからヘッドロック、そしてフライングメイヤーという流れは〝お約束〟ではなく、本当に投げることが技だってことですよね。

鈴木　「首を持って『せーの』で投げるんじゃないからね」って。そんなことをちょっとやらせてもらった。

――そういう本当の基礎を学べてこそ、新日本の道場がロスにある意味がありますよね。

鈴木　基礎の反復練習から新たな発見なんかもけっこうあるからね。それは打撃に関してもそうで、俺はいま毎日のトレーニングとしてかならずキックボクシングのシャドーをやっているんだけど、その中ですらも発見があるから。

――空手の型をやることでも発見があると言いますもんね。

鈴木　シャドーにしても型にしても、目の前に相手がいることを想定してやるから意味があるじゃん。でも、みんなはそれもしないで、ただバーンと蹴るだけをやりたがるんですよ。

――シャドーは地味だけど、ミット打ちとかだとやっていて気持ちいいですもんね。

鈴木　だから俺は本気で覚えたいっていうヤツには、しばらくキックミットとかはやらせたくないんですよ。そこで満足しちゃうんで。

――技術的には向上してなくても、「練習やったぞ！」って気持ちになっちゃう（笑）。

鈴木　自己満足じゃなくて、身につけることが大事なんだから。ロス道場の若い選手たちに基礎を教えることで、自分でもそういったことの再発見、再認識ができたね。

――教えることで、自分自身がもう一度勉強になることってありますもんね。

鈴木　前にジョシュ（・バーネット）との対談のときなんかにも話したけど、俺はお金を取ってセミナーするの嫌いじゃん。それは若いとき、ゴッチさんから言われた一言が忘れられないというか、べつにこだわってるわけじゃないんだけど。「俺はおまえから1円も取ってないんだよ。でも俺はおまえのことが好きだから、おまえが知りたいことはなんでも教えてやる。そのかわり将来おまえはこれをお金に替えるような人間にはならないでほしい」って言われたのがずっと残っていて。だから今回ロス道場にいた若いヤツらみたいに、「知りたい」っていうヤツに教えてあげようかなって。まっ、引退したらセミナーやってもいいかもしれないけど（笑）。

――いまはいろんなジャンルでお金を取って教えるのが普通じゃないですか。たとえばお笑いだって昔は師匠に弟子入りして芸を盗むものだったのが、いまは学校になって。

鈴木　そうなると「あの先生は教え方が悪いからダメ」みたいになるんだよね。子どもの塾や学校の先生じゃないのに。何かを教わるっていうのは学ぶ側の問題だと思うよ。俺だって若い頃、藤原さんには手取り足取り教えてもらったけど、そのほかには猪木さんや前田（日明）さん、長州さんとか、セコンドとしてリングサイドにへばりついて見て勝手に盗んだものだからね。

――本来そういうものでしたよね。

鈴木　いまなんか、誰かに教わったっていうのをスタンプラリーにしているようなヤツもいるからね。誰々のセミナーに行ったことがある、誰々からプロレスを教わったとか、それを自分のステータスみたいにするヤツ。俺はゴッチさん、藤原さんにいろんなことを教えてもらったけど、「ゴッチの弟子」とか「藤原の弟子」とかそういう肩書きがほしかったわけじゃないから。あの人たちの持っている技術、強さがほしかっただけでね。

――いま鈴木さんにクラシックな技術を教わったら、「俺はカール・ゴッチの孫弟子だ」とか言い出す人もいるんじゃないですか（笑）。

鈴木　何が孫弟子だよ（笑）。そういうのが俺は凄く嫌なんだよ。俺は今年からエル・デスペラード、成田蓮と「STRONG STYLE」っていうユニットを組んでるけど、俺は実際に〝ストロングスタイル〟を経験してきたから名乗っている。俺だけだと思うよ、猪木さんが毎日試合に出ていた時代の若手で、そこからUWFに行き、20代前半にキックボクシングとレスリングの世界チャンピオンふたりと異種格闘技戦を死ぬ思いでやり、キャリア5年・25歳でパンクラスを旗揚げして、そこから10年間格闘技をやってきたなんて。俺のことをストロングスタイルって言わないで誰のことを言うんだろうという気持ちがあるよ。

――そうですよね。

鈴木　ストロングスタイルっていうのはファッションじゃない。格闘技の技をやるのがストロングスタイルじゃないし、黒いパンツを穿いて延髄斬りやって、卍固めをやればストロングスタイルだとも俺は思ってないんで。まあ、黒パンツを穿いてもいいけど、ただのモノマネじゃ意味がない。そうじゃなくてストロングスタイルの根っこの部分を、長いこと一緒にやってきたデスペラードと、こんな時代に「STRONG STYLE」って書いたTシャツを着て日本に帰ってきた成田蓮、彼らには伝えていきたいと思ってるよ。

KAMINOGE KRUSHER QUEEN

K-1 WORLD GP 女子フライ級王者

KANA

「大学のときに観に行った
Ｋｒｕｓｈの試合を観て
『全然強くねえし、おもしろくねえじゃん』
って思って。じゃあ、
自分が格闘技をやってやろうかなみたいな。
それまで全然キックもやったことがなかったけど、
いまから無難に働くのも
嫌だなと思っていたので、
そっからプロを目指したんですよ」

収録日：2023年4月12日
撮影：タイコウクニヨシ　試合写真：©K-1
聞き手：井上崇宏

“クラッシャー・クイーン”が『KAMINOGE』初登場！
初披露の仰天エピソードの
数々がオーバーハンド気味に大炸裂!!

「小学校の頃から空手をやっていたんですけど、寛水流です。だから猪木さんとも何回かお会いしましたね」

――KANAさんは『ゴンカク』とか『ファイト&ライフ』では常連さんだと思うんですけど、『KAMINOGE』は初登場ですよね。今日はよろしくお願いします。

KANA　こちらこそよろしくお願いします。

――ボクの持論で、インスタを見ればその人の全部がわかると思っているんですけど、KANAさんがなぜ強いのかもボクは知っていて、篠原化学のマットレスで寝ているからですよね（笑）。

KANA　あっ、そうです。よくご存知で（笑）。

――あれってめちゃくちゃ調子いいですか？

KANA　もともとプロデビューした頃は、安くて小さいシングルのベッドを使っていたんですけど、篠原化学さんからサポートしてもらうようになってからはセミダブルにして、めっちゃ寝やすいなって。

――あっ、ベッドも篠原化学なんですか？

KANA　そうです。枕も。

――枕も篠原化学ですか！　って、大げさに驚くこともないんですけど、ここのくだりは謎に載せましょう（笑）。

KANA　だからもう、めちゃめちゃ快適っスね。自分は腰痛持ちだし、やっぱ寝具って重要ですね。めちゃくちゃよく眠れるようになりました。

――三重県松阪市のご出身ということで、小さい頃はどんな子だったんですか？

KANA　めちゃめちゃ活発でしたね。家にいることがほぼないというか、それは悪い遊びをしていたとかじゃなくて、山に登ったりとか川に行ったりとか、とにかく外でずっと遊びまくっていて。

――家のまわりは大自然ですか？

KANA　めちゃくちゃ自然ですね。松阪市の中でもかなり田舎のほうだったので、もう野生でしたね（笑）。

――野生（笑）。同級生の男の子たちも含め、「ちょっと私、元気すぎるな」みたいな感じはありました？

KANA　ありましたね。だから中学校くらいまでは男の子しか友達がいなかったし、本当に野生でしたね。山の中に秘密基地を作ったりとか。

――あっ、やりましたね。KANAさんの世代も秘密基地を作ってました？

KANA　秘密基地は全然やりましたね。あとは川の岩と岩の間に木を張って、そこに登ったりとかして。

――ご家族は？

KANA　お父さん、お母さん、おじいちゃん、おばあちゃん、1コ上のお姉ちゃん、4コ下の弟ですね。

——きょうだいも全員活発なんですか？

KANA　お姉ちゃんと弟がめちゃくちゃタイプが似ているんですけど、自分と違ってまったく活発じゃなくてほとんど運動をしないんですよ。お母さんがめちゃくちゃ活発なんで、自分はそっちに似たと思うんですよね。

——お父さんはお仕事は何をされていたんですか？

KANA　自営でスーパーをやっていました。いまも松坂市でやってるんですけど、田舎なんでそこでおばあちゃんは料理を作ったり、おじいちゃんももう86歳ぐらいなんですけど、魚をさばいているんですよ。

——おじいちゃんとおばあちゃんも活発ですねえ。

KANA　それで自分は小学校の頃から空手をやっていたんですけど、それも男友達の影響で。とにかく動きまわって、遊びまわっていましたね。

——仲のいい男友達が習っていたから、私もそれやるわと。

空手はフルコンタクトですか？

KANA　そうです。寛水流で。

——出た！　えっ、寛水流だったんですか？

KANA　そこは食いついてくると思ったんですよ（笑）。アントニオ猪木さんですよね。

——そうですよ。寛水流って猪木さんが水谷征夫さんと一緒に作ったんですよ。

KANA　そう。それっス（笑）。

——これまでプロフィールとかにも寛水流だったってことは掲載されていないですよね。

KANA　出ていないですね。だって何流とか聞かれたことがないんですよ。

——そっか、三重県ですもんね。

KANA　そうです。だから完全に寛水流ですし、猪木さんとも何回かお会いしましたし。

——もともとは水谷会長が猪木さんに挑戦状を送ったことが縁で作られた団体ですよ。

KANA　知ってます。私は二代目会長（世古典代）の頃に教えてもらっていて、二代目が亡くなって、自分も大学で東京に出てきたことで空手とは完全に離れたんですけど。

「空手の大会は全部優勝で、中学は野球部で男子の中に混じってレギュラー。高校から槍投げを始めるんです」

——世古さんから習っていたんですか？

KANA　いえ、直接は世古さんの弟子にあたる吉村会長っていう人から習っていたんですけど、自分は世古さんにけっこ

う気に入られていて、中学校のときに「来年からオーストラリアに行ってこい」ってオーストラリア支部に投げられたんですよ。

――それは夏休み期間中とかですか？

KANA　そうです。それで「絶対に行ったほうがいいから」って言ってくださった世古会長が、自分がオーストラリアに行っている最中に病気で亡くなられたんですよね。

――ああ。そのオーストラリア支部には、もちろん現地のオーストラリア人がいるんですよね？

KANA　そうですね。支部の会長は日本人なんですけど、オーストラリア人に混じって稽古して。

――KANAさんが国際試合に強い理由が少しわかりましたよ（笑）。

KANA　それだったか（笑）。

――寛水流の大会では成績を残せたんですか？

KANA　全部優勝ですね。

――開かれる大会は全部優勝（笑）。

KANA　そのときは全然勝っちゃってて、だから高学年ぐらいのときは男子の部に出させてもらって、ONEにいる秋元皓貴とか日下部竜也とかと試合をしたことがあるんですよ。

――えっ！（笑）。

KANA　秋元にはボコボコにされましたね。

――どのスポーツにもそういう女の子っていますよね。普通に女子の部に出ておけば全国チャンプなのに、あえて男子の部にエントリーして準決で涙を飲むみたいな。

KANA　そうなんですよ。

――空手は中学までですか？

KANA　中学まで空手をやっていましたね。それで高校からは陸上部に入って。

――どうして高校から陸上をやりだすんですか？

KANA　えっと、中学のときに野球をやっていて。

――いつの間に野球もやってました？（笑）。

KANA　はい。中学校の部活で。

――えっ、ウソでしょ？　学校の野球部ですか？

KANA　本当です。

――えっ、空手をやりながら、学校の部活も野球部に所属していたと。それは女子野球とか？

KANA　いえ、普通の野球部で男子の中に混じってやっていました。だから公式試合に女子が出てもいいっていうことになったのは、三重県松阪市が初だったと思います。

――アハハハハ！　すごっ！（笑）。

KANA　こんな話、いままでしたことないっスよ（笑）。ここまで掘り下げてくれる人がいなかったんで。

――えっ、ってことは試合にも出ていたんですか？

KANA　レギュラーで出ていましたね。まあ、田舎の人数が少ない野球部ですから。

——とはいえ！（笑）。だって補欠もいましたよね？

KANA　そうですね。全部員が15～20人くらいいたので。

——何年からレギュラーだったんですか？

KANA　1年、2年、3年、全部ですね。

——アハハハハ！　ヤバいじゃないですか！（笑）。ポジションはどこだったんですか？

KANA　センターっス。

——センター！　肩は強いし、すばしっこいし、飛んできた球は全部捕っちゃうぞみたいな（笑）。

KANA　まさにその肩が強いっていうのがあって、高校からは陸上競技で槍投げを始めるんですよ。

——なるほど、槍投げでしたか。高校には推薦とかで入ったんですか？

KANA　そうですね。まったく勉強ができなかったんですけど、高校には行きたかったので。

「小学校も中学校も生徒会長をしていたんですよ。みんなを仕切って、いちばんのボスになりたかったっスね」

——これは得意のスポーツで行くしかないなと。

KANA　それで中3のときに「じゃあ、槍を投げてみろ」って言われて、投げてみたら高校の県大会で3位くらいに入賞するぐらい飛んだんですよ。

——いきなりめちゃ投げた（笑）。

KANA　それで推薦で高校に行かせてもらうことが決まって。

——槍が地面に着く前に合格ですよ。

KANA　いちおう面接もしたっスけどね（笑）。

——じゃあ、高校では槍投げに捧げた3年間ですか？

KANA　そうですね。

——成績はどうだったんですか？

KANA　全国8位とかそんな程度です。

——いやいや、全国8位って凄いですよ。

KANA　でも槍投げをやっていまのオーバーハンドがあるし、やっといてよかったなと。

——勉強はまったく眼中になかった感じですか？

KANA　自分の高校は1学年で240人の生徒がいたんですけど、実力テストで233位ぐらいとか。ドベじゃないんですけど、そんな感じで。それとか商業科だったんですけど、99%受かるっていういちばん最初の簿記試験でひとりだけ落ちちゃったりとか。

——だから99%なんですよ（笑）。

KANA　でも小学生のときから校則は絶対に守るし、宿題は絶対に出すし、小学校も中学校も生徒会長をしていたんですよ。

――それは自ら立候補をして？

KANA　そうっス。みんなを仕切りたかったというか、いちばんのボスになりたかったっスね（笑）。とにかく目立ちたがり屋だったんですよ。

――シャイの要素はない？

KANA　まったくシャイではないです。

――恋愛とかはどうだったんですか？

KANA　あー、自分はめちゃくちゃ一筋ですよ。

――幼稚園とか小学校ぐらいから、ひそかに好きな男の子がいたりしますよね。

KANA　いや、幼稚園ではあまり異性を気にしていなかったですね。小中も男友達が多すぎてそんな感じじゃなく、高校ぐらいからっスかね？

――槍を投げながら恋に落ちたんですか？

KANA　そうですね。違う高校の同い年の人と高校から大学まで7年ぐらい付き合っていました。

――さすが一途。その彼も陸上部だったんですか？

KANA　陸上部です。

――大会とかで出会った感じですね。

KANA　そうです。向こうは棒高跳びをやっていて、陸上のめちゃくちゃスーパーエリートだったんですよ。でも寮に入っているので1カ月に1回ぐらいしか出てこられないし、めちゃくちゃ遠くて電車で1時間半ぐらいかかるんで、月に1回会うとか、大会で会うくらいみたいな。

――けっこうその人にはときめくものがあったんですか？

KANA　まあ、そうっスね（笑）。

――どういう人がタイプなんですか？

KANA　う～ん、運動をやっていて活発な人かな。

――スポーツをやっていることがマスト？

KANA　やっていなくても、めちゃくちゃ元気な人がいいですね。アホとかぶっ飛んでるとかじゃなく、ちゃんと真面目で活発な人（笑）。

「大学では4年間公式試合に出られず、毎日6時間ぐらいの練習をひたすら続けていただけでした」

――常識はあるけど元気が有り余っている人ですね。それで槍投げで全国8位までいくと、大学から推薦が来ますよね。

KANA　来ましたね。それで国士舘大学に行くんですよ。自分も国士舘に行きたいなと思っていて、めちゃくちゃ頭は悪いんですけど、子どもがめっちゃ好きで体育が好きだったんで、将来は体育の先生になりたいと思っていたんですよ。なので体育大学に行きたくて、国士舘か日体大に行きたいと

思うようになり、高校の先生が国士舘とつながっていたということで国士舘に決めましたね。

――大学時代は寮ですか？

KANA　いや、一人暮らしなんですけど、陸上部が借りているアパートみたいなのがあって。

――寮ではないけど陸上部員だけが住んでいるアパート。お付き合いしていた彼も国士舘ですか？

KANA　いえ、向こうは日体に行きました。

――深沢の世田谷キャンパス？

KANA　そうそう。深沢です。

――じゃあ、国士舘と同じ世田谷でめっちゃ近いじゃないですか。

KANA　でも、あっちは陸上の特待生で寮に住み込みだったんで、大学生になっても週末とかだけ会えるっていう。

――それでもめっちゃ楽しいじゃないですか。大学でも4年間、槍投げを努め上げた感じですか？

KANA　そうなんですけど、国士舘って陸上のスーパーエリートが集まるところじゃないですか？　陸上の大会って校内から3人しか出られなくて、槍投げっていう種目には3人しか出られないんですよね。だからほかの大学だったら普通に試合に出られるけど、国士舘にいることによって上がいるから試合に出られないっていう状況に陥って。

――強豪校の性ですね。高校で全国8位くらいでも補欠っていう。

KANA　そうです。で、4年間公式試合には出られず、1日6時間ぐらいの練習をひたすら続けていただけでしたね。でも、それがあっていまはよかったと思います。

――と言うと？

KANA　4年間、まったく試合も出ずに毎日6時間、筋トレをバーッとやって、走ってをやり続けたおかげのフィジカルっていう。

――たしかにそうですよね。のちにキックをやるうえでは最高の下地を作っていたという。

KANA　あとはそんな4年間を過ごしたおかげで、いまはなんでも耐えられるというか。上下関係とかもめちゃくちゃ凄かったんで、「ウェイトトレーニングをトータルで10トンやれ」って言われて、お昼の12時から夜の10時までやったりとか。

――10トンって、どんな計算なんですか？

KANA　たとえば40キロを10回挙げるとか。

――それで400キロになって、最終的に10トンになるまでやれと。

KANA　10トンやらないと帰れないとかあったんで、そりゃ鋼のメンタルがつきますよね。あとは新宿から多摩までの往復を歩けとか。

――それはなんのためにやるんですか？

KANA　根性つけるためっス。6時間歩くっス。

――そんなことがKANAさんの世代でもあったんですか？

KANA　いまはもうないと思いますけど、めちゃくちゃあったっス。

――でも手を挙げられたりとかはないですよね？

KANA　それもあったっスね。もう引っ張り回してボコボコとか。

――えー！　陸上で殴る蹴るのシチュエーションってあります？

KANA　練習態度とかでじゃないですかね。だから、あれに比べたらどんなことにも耐えられるなって思いました。

――そんな理不尽の中でわずかな自由をともに謳歌していた彼氏とは、どうして別れちゃったんですか？

KANA　やっぱなんか向こうもこっちも遊び盛りなんで、別の人ができちゃって。

――お互いに？

KANA　お互いっス。

――なまじっかフィジカルがあるから、じっとしていられないですよね（笑）。

KANA　じっとしてられないっス（笑）。結局それで別れたんですけど、いまもめちゃくちゃ近くに住んでいて、駅でよく会いますね。

──いまはもう全然友達みたいな感じで。

KANA　めちゃくちゃ友達って感じですね。仲良しっていう。「試合、観に行くわ」みたいな。

「たまたま行ったKrushで朱里選手の試合を観て、『なんだ、コイツ。全然強くねえじゃん』と思って」

──最終的に教員免許は取ったんですか？

KANA　取りました。だから自分は中高の学校の先生になれます。

──中高の体育の教員免許を取ったけども、就職する時期になると気持ちはどうなりました？

KANA　こっから普通に働くのは絶対おもしろくないなと思って。最初は教員になろうと思っていましたし、地元にいるお母さんとかも自分は体育の先生になると思っていたんですけど。

──もし、娘が地元に帰ってきて学校の先生になるなら、親はよろこびますよね。

KANA　はい。でも、それはおもしろくないだろうなと思い始めて。普通に働くことは絶対にできないなと思ったんで。

──教師はおもしろくなさそうだと。

KANA　実際はどうかわからないですけど無難だなと。落ち着くじゃないですけど、来る日も来る日も同じじゃないですか？　なんかやっぱ大学のときに格闘技の試合をよく観に行ってたんで。

──それはどこからの影響ですか？

KANA　空手時代に野杁正明くんが友達だったんで試合を観に行ったり、自分の陸上の先生が国士舘出身の城戸（康裕）さんの試合をよく観に行ってたんで、「今日、試合を観に行くぞ」って連れて行かれたりしていて。そうしたら「格闘技がやりたいな」ってなったんですよ。たまたま観に行ったKrushで朱里選手の試合があって、「なんだ、コイツ。全然強くねえじゃん」と思って。

──おお？（笑）。

KANA　「なんだ、全然試合おもしろくねえじゃん」って思って、じゃあ自分が格闘技をやってやろうかなみたいな。

──「コイツには勝てるだろ」と。

KANA　勝てるなと。

──まだやったことはないけども（笑）。

KANA　全然キックもやったことないけど、いまから無難に働くのも嫌だなと思っていたので、自分はひとりでここ（シルバーウルフ）に来て「プロを目指します」って言って入会したんですよ。

──シルバーウルフを選んだ理由は？

KANA　単に知識がなくて、魔裟斗さんが好きだったんでシルバーウルフっていうジムしか知らなかったんですよ。魔裟斗さん＝シルバーウルフ、キックボクシング＝シルバーウルフだったんで。

——それで最初から「プロになります」と。

KANA　「プロになりたいので入会します」って言って入会したのが大学を卒業するときですね。部活の引退が11月だったんですけど、引退した瞬間にここに来ました。

——じゃあ、大学を卒業してからはアルバイト生活ですか？

KANA　バイトです。フィットネスジムのトレーナーですね。それでジムには午前中の一般の時間と、来れるときは夜も来て毎日練習していましたね。バイトの時間以外はずっとここに来ている感じで。

——格闘技を始めた瞬間って全然じゃないですか。ミットを打ってもうまく当たらねえな、全然いい音しねえなみたいな。KANAさんも最初はそんな感じだったんですか？

KANA　そうでしたね。だから鏡の前でひたすらシャドーをやっていました。

——プロを目指して、ひたすら基礎からやっていた。

KANA　Krushに出て、やってやろうって。それで入会して4カ月くらいでK－1のアマチュア大会に出て、トーナメントを全部KOで勝って優勝して、その2カ月後ぐらいのアマチュアのトーナメントでも全部KOで勝って優勝して。そうしたら宮田（充＝当時Krushプロデューサー）さんが「これはアマチュアでやらせるべきじゃない。もうプロデビューさせたほうがいい」ってなって、9カ月目でプロデビューしました。

——まず、アマチュアで全試合KOするようなことってあります？

KANA　あんまないと思いますね。

——ヘッドギアを着けてますもんね。

KANA　ヘッドギアを着けるし、めちゃデカいグローブだし。でも倒れればいいと思ってぶん回していたら、みんな倒れてくれて（笑）。

「めちゃくちゃストイックな生活を送っているねってよく言われるんですけど、べつに自分では普通に過ごしているっスね」

——そうして2015年9月12日の『Krush.58』でデビューですよね。当時女子王者だった朱里選手と入れ違いになる感じで。

KANA　そうですね。自分がプロデビューした日にタイトルマッチが組まれていて、記者会見でまだデビューしていない自分が「朱里を煽れ」って宮田さんから言われて。

——えー？（笑）。

K-1
出版オーディション株式会社
Publication Audition
ボーナス
WORLD GP JAPAN

K-1
WORLD GP
JAPAN
6月3日

KANA　それで前日の記者会見で朱里選手のことを「全然おもしろくない判定王者」って言って。

——ヤバい。そこは宮田さんの囁きがあったんですね。

KANA　ありました。「チャンピオンは判定ばっかりでおもしろくないから、自分が倒してチャンピオンになる」って、まだプロデビューもしていない自分が言わされ。

——言わされたっていうのも本当だし、そう思っていたのも本当だし。

KANA　実際、自分もそう言っていたんですよ。

——「じゃあ、それを会見で言いなよ」みたいな。

KANA　はい。それを記者会見を言わされてから、本戦の第1試合目でプロデビューです。

——そのとき、朱里選手から何か反応はあったんですか？

KANA　それから一切口を利いてくれなくなりました（笑）。

——アハハハハ！　そりゃそうなりますよね。

KANA　いまはもう会うこともないですけど、Ｋｒｕｓｈにいるときはもう全然無視されてました。まあ、仕方ないなと。

そんなプロデビューもしていないヤツからそんなことを言われたら、自分もそうなります（笑）。

——やっぱり格闘技は自分にフィットしました？　「これだよ！」って感じですか？

KANA　合いましたね。陸上は練習し続けても結果が出なかったんで、大学3年生ぐらいの頃から限界を凄く感じていたんで。それでも練習していればいいことあるかなって思っていたんすけど、結局いいことはなかったんで。

——でも、その先につながったんですね。

KANA　はい。普通に働きたくないなと思っていた頃に格闘技を観に行っていて、「やっぱ格闘技がめちゃくちゃ好きだな。やりたいな」となって戻ってきた感じですかね。

——空手、野球、陸上とやってきたけど、振り返ってみたらそのすべてがけっしてムダではなかったという。

KANA　遠回りか近道かはわからないですけど、結果的にはめちゃめちゃよかったなと思います。苦悩の大学時代も乗り越えてきたんで。

——そして格闘技で爆発ですよね。

ＫＡＮＡ　そうですね。いま4年間、試合に出ないでひたすら練習しろって言われても、たぶんもうできないですよ。

——それでも凄くストイックな生活を送られているように見受けられるんですけど、実際そうですか？

KANA　なんかめちゃくちゃストイックな生活を送っているねってよく言われるんですけど、べつに自分ではストイックだという感覚はなくて、普通に過ごしているっスね。でも、それは凄くよく言われます。

——でも格闘技をやっている時間以外はめっちゃ遊んでるとかなさそうですよね。

KANA　一切遊ばないですね。ゼロ。

——それをストイックと言うんですよ。1年中、練習しているか、海を見ているか、髪を切っているかだけですよね。これもインスタ情報ですけど（笑）。

KANA　いや、本当、マジでそんぐらいっスね（笑）。友達とかとの外食も2、3カ月に1回とかです。

——本当ですか？　普段の食事はどうしてるんですか？

KANA　全部自分で作っています。

——1日3食摂るんですか？

KANA　2食です。朝起きて短距離とか中距離とかラントレして、お昼前に1回家で食べて。それでだいたい午後から練習に行って、夜も家で自炊して食べる感じっスね。料理はめちゃくちゃ好きなんで、食べたいものはなんでも作りますね。

「ディズニーランドには一度だけ大学時代に彼氏と行ったことがありますけど、あんま楽しくなかった！」

——たぶん、あまり人に興味がないんですよね？

KANA　あまりじゃなくて、めっちゃ興味がない（笑）。

——めっちゃないから、人と会って話すこともない。

KANA　どうだっていいですね（笑）。逆に人が嫌いとかもまったくないんですよ。嫌いな人とかまったくいない。

——嫌いになるほど、他人のことを知らないからですよね。

KANA　まったく知らないんで怒ることもないです。だからずっと海外にもひとりで行けるんだと思います。

——それは目からウロコですね。人と接しなければ人間関係で悩むことはないですよね。じゃあ、いまは完全に格闘技漬けの生活ですね。

KANA　そうですね。

——休みの日は何をしているんですか？

KANA　日曜日は基本、午前中に治療とかに行って、午後からはひとりでフラフラしていたりとか。

——オフも味気ない！　好きなテレビ番組とかはないですか？

KANA　テレビは観ないっス。

——そもそも家にテレビがない？

KANA　家にないっス。

——ABEMAの格闘チャンネルとかは観ますか？

KANA　それは観ますね。格闘技はYouTubeとかでも、キックでも総合でもボクシングでもなんでもいっぱい観ます。

——映画とかアニメとかも観ないんですか？

KANA　観ないです。

——じつはディズニーだけは好きとか。

KANA　いや、好きも嫌いもないですね。

——ディズニーランドに行ったことは？

KANA　1回だけあります。その大学時代の彼氏と。

——興味がなくても、行ってみたら楽しかったでしょ？

KANA　まあ……楽しいですね。

——なんか、ちょっと怪しいな（笑）。

KANA　あんま楽しくなかった！（笑）。

——アハハハハ！「なんだ、この架空の国は？」と首をかしげた。

KANA　あんまり印象も記憶もないですけど、大学の友達と行った富士急（ハイランド）とかのほうがおもしろかったかなって。

——あっちはスリルがありますからね。ちょっと待ってくださいよ、洋服とかに興味は？

KANA　それはあります。

——ですよね。アスリートオシャレですもんね。

KANA　いや、マジで自分の日常生活は全然おもしろくないですよね（笑）。

——でも格闘技で爆発しているからそれでいいんですよね。そして「年内にアニッサ・メクセン戦を実現させる」と。

KANA　ONEとの契約が切れたという話も聞いているので、実現する可能性は高いと思っていますし、自分の中ではやるつもりでいます。

——KANAさんにこんなことを言うのはあれですけど、あの人、強すぎませんか？

KANA　めっちゃ強いっス！　自分が初めてあの選手の存在を知ったのは、世界トーナメントの1年前（2018年）にプーケットに練習に行ったときにいたんですよ。そこでスパーリングをしてボッコボコにされたんですよ。マジでボッコボコ。しかも同じ階級だから「こんなヤツがいるのか」ってなって。

「可能性がゼロじゃなければ海外の試合とかにも挑戦したいですし、総合にも挑戦してみたいです」

——じゃあ、そのときから「いつかは」と？

KANA　そのときは「こんな選手になりたいな」っていう憧れだったんです。だけどそれから自分もどんどん試合を重ねていって、お互いに同じ選手と闘ったりしているうちに「やっぱアイツを倒したら間違いなく世界最強だな」と思うようになって。だからやりたいっスね。

――そこは個人的な欲求ですか？ それともK－1としてアニッサ・メクセンとやらせたい意向なのか。

KANA いや、完全に自分が個人的にやりたいことですね。

――じゃあ、「実現させてください。交渉、お願いします」っていう。

KANA そうっスね。世界最強だと思っているヤツを倒したら、どんな感じなのかなという興味がある。

――もしかしたらそこで燃え尽きちゃうのかな？ とか。

KANA 「そこでどうなるんかな？」って自分でも思っていて、でも、そうなってみないとわかんないっスよね。

――じゃあ、もう2020年に判定負けを喫した壽美選手にリベンジするとかは、もうテンションが上がらないですかね。

KANA 全然上がんないっス（笑）。負けてるんスけど、それは戻ることになるので。もう自分はそのフェーズにはいないですね。

――同じフェーズにはいないと言い切れる選手相手に、どうしてあのとき負けたんですか？

KANA いや、イージーだと思ったんですよ。コロナでずっと試合ができなかったときに「試合がしたかったら壽美とやってくれ」と。それで試合を何年もやらないのは嫌だなと思って、「もう、しょうがないからいっか」っていう気持ちで臨んでしまったんですね。それで同じ大会でレオナ（・ペタス）とやる予定だった武尊くんが、2週間前に拳を骨折したと。武尊くんがメインで自分がセミだったんですけど、メインの武尊くんが欠場することになって。

――そうでしたね。

KANA それで、その1週間後に自分が右足首を骨折したんですよ。

――たしか試合の翌日にKANAさんがケガをしていたことが明るみになったんですよね。でも詳細は知らないです。

KANA 骨折していたので普通は試合に出られるわけがないんですけど、でも武尊くんが欠場して、自分も欠場となったらセミもメインもなくなって大変なことになると思ったんですよ。まったく足が動かせないし、本当は絶対に出られないし、医者の先生からも「すぐに手術をしなきゃいけない」って言われたんですけど、「試合に出てから手術します」って言って試合をすることに決めて。

――危険な判断すぎますけど、それはすなわち相手をナメていたってことでもありますよね。

KANA 「骨折しててもいけるだろ」と。それはいまは反省していますけど、骨折したことは誰にも言わないまま10日間は何もできなくて、毎日痛み止めのステロイドを打っていて。本当は1週間に1本しか打っちゃいけないやつなんですけど、2日に1本とか打ち続けて、当日も試合の30分前に打って「どこまで動けるかわからないよ。骨が粉々に砕けてもいいんだね？」って言われながらガッチガチにテーピングを巻いて。でも試合中はめちゃくちゃ動いてます。

――そうだったんですね。

KANA だって武尊くんがいなくて、自分も出ないとなったら興行的にまずいじゃないですか。それで東京に戻ってからすぐに手術したんですけど。

――そこから長期欠場ですよね。いまの話を踏まえて、もう1回あの試合を映像で観てみますよ。

KANA いま観ると、凄くぎこちない蹴り方をしていますよ（笑）。

――そこまで格闘技に身を捧げていて、現役を終えたあとのことってぼんやりとイメージしたりしますか？

KANA 結婚（笑）。

――すぐに結婚しましょう。

KANA やっぱ、もしアニッサ・メクセンとやって勝ったとしても、まだ格闘家ではありたいと思っているんで、可能性がゼロじゃなければ海外の試合とかにも挑戦したいですし、総合にも挑戦してみたいし。

――えっ、そこもあるんですか？ MMAもやってみたい？

KANA やってみたいです。そんな甘いわけがないっていうのはわかってるんですけど、可能性が1%でもあるんだったらファイターとしてはやってみたい、挑戦したいなというのはありますね。UFCで女子の同じ階級で最多防衛しているヨアナ・イェンジェイチックも、もともとキックボクシングをやっていて、その活躍を見ているんで、自分も可能性はゼロじゃないかなと思っています。世界最強を見た先は、それもあるかもしれないなって。

――とにかく年内にアニッサ・メクセン戦が実現することを期待しています。そこでもしKANAさんが勝ったら、ボクは「寛水流、最高!!」って叫びますよ（笑）。

KANA そこにご自由に（笑）。でも本当に期待していてください。

KANA（かな）
1992年7月29日生まれ、三重県松阪市出身。K-1 WORLD GP 女子フライ級王者。K-1ジム三軒茶屋シルバーウルフ所属。
本名・森本佳奈。小学生で空手を始め、高校・大学時代は陸上部に所属。大学卒業後にK-1ジム三軒茶屋シルバーウルフの門を叩き、2015年9月にKrushでプロデビュー。第2代・第4代Krush女子フライ級王座に就き、2018年3月『K'FESTA.1』でK-1デビュー戦。K-1女子の第一人者として女子戦線をけん引する存在であり、2019年12月に初代女子フライ級王座を獲得。2020年3月『K'FESTA.3』ではグロリア・ペリトーレにKO勝利。だが同年11月では壽美とのスーパーファイトに敗れて対日本人初黒星を喫する。その後は怪我の治療で長期欠場を余儀なくされたが、2022年2月より戦線に復帰。2023年3月12日『K'FESTA.6』では世界3冠王のフンダ・アルカイエスをカーフキックで戦闘不能に追い込み、見事2度目の王座防衛を果たした。

プロレスがわかれば世の中が、
そして世界が見えてくる。

斎藤文彦×プチ鹿島

活字と映像の隙間から考察する

プロレス社会学のススメ

司会・構成：堀江ガンツ　撮影：タイコウクニヨシ

第39回

WWEホール・オブ・フェイムの歴史

3月31日（現地時間）、アメリカ・カリフォルニア州ロサンゼルス、クリプト・ドット・コム・アリーナにて「WWEホール・オブ・フェーム2023」がおこなわれ、グレート・ムタ（武藤敬司）が殿堂入りを果たした。

この殿堂入りを果たした日本人レスラーは、アントニオ猪木、藤波辰爾、獣神サンダー・ライガーに続く4人目の快挙（レガシー部門では力道山、ヒロ・マツダ、新間寿も受賞している）。

さて、そもそもWWEホール・オブ・フェームとは？　そしてなぜそれが世界的な権威を獲得したのか？　ムタの殿堂入りを祝して、あたらめて検証してみた。

「フレアーがスピーチで『自分が闘ってきた日本のレスラーで、彼がいちばんグレートだった』とムタを評したんです」（斎藤）

――前号で「武藤敬司・引退三部作」とも言えるトークを完結させたわけですが、今回もオープニングは武藤ネタでいかなきゃならなくなりました（笑）。

鹿島　グレート・ムタがWWE殿堂入りしちゃいましたからね。語らないわけにいかないですよ（笑）。

斎藤　まあ、これは「自慢かよ」って言われちゃうかもしれないけれど、今年、武藤敬司＝グレート・ムタがWWE殿堂入りするっていうのは、ボクらがこの対談で最初からずっと言ってきたことでした。

鹿島　フミさんの予言的中ですよ。「引退試合の相手がザ・ロック」というのは結果的に違いましたけど、あれも武藤さん自身が言っているとおり、オファーしたけれどギャラが高すぎて諦めたってことだから、的中みたいなものだし（笑）。

斎藤　元日にグレート・ムタvsシンスケ・

ナカムラが実現した時点で、バーターというわけじゃないだろうけど、ムタが今年の式典でWWE殿堂入りするという予想はできました。日本で考えられている以上に武藤敬司、グレート・ムタは世界市場では超ビッグな存在。授賞セレモニーでのインダクターがリック・フレアーだったことでもそれはわかる。

――フレアーはアメリカンプロレスの中でも、レジェンド中のレジェンドですもんね。

斎藤　グレート・ムタがもの凄いレジェンドであることは疑う余地はないのですが、WWEの客層はマニア層もいるけれど、超メジャーであるがゆえにライト層もたくさんいる。だから「グレート・ムタがホール・オブ・フェイム」と言われても「うん？」って思う層も一定数はいたと思うんです。

――ムタがアメリカでトップを張っていたのはもう30年以上前で、WWEではなくWCWですしね。

斎藤　グレート・ムタが「スターケード」というWCW年間最大のイベントでメインを張ったり、いちばん活躍したのは1989年から1990年にかけてですから。でもフレアーが長いスピーチでムタ、日本のプロレス・シーンについて語り、それからムタを呼び入れてハグをして、「私の友人のグレート・ムタです」と紹介したことで、いまの世代のファンも「凄い人なんだ」って感じたと思うんです。

鹿島　あのフレアーがここまで言うほどのレジェンドなんだと。

斎藤　実際、フレアーはスピーチの中で「私はいままでたくさん日本のレスラーと闘ってきた。ジャンボ鶴田には1時間連続でスープレックスをくらった」とか、大袈裟なことも話しているんだけど（笑）。「リキ・チョーシュー、フジナーミ、カブキ、テンルー、ジャンボ・ツルタ、ミサワ、チョーノ、ササキ」とか、いろんな日本人レスラーの名前を出し、もちろん日本のキングとして馬場さんと猪木さんの名前も出したうえで「自分が闘ってきた日本のレスラーで、彼がいちばんグレートだった」とムタを評したわけです。

鹿島　最大限の賛辞を送ったわけですね。素晴らしい。

斎藤　フレアーは「私の生涯のライバルとしてはリッキー・スティムボート、ショーン・マイケルズと同じ位置にある。それからマイケルズ、ムーンサルトを発明したのはおまえじゃないぞ。ムタだぞ」と念を押して、凄く力のこもったスピーチだったんです。スピーチの最後は「亡くなった私の息子（リード・フレアー）が日本に行ったとき、ムタが我が子のようにテイクケアしてくれたことにも感謝している。アイ・ラブ・ユー」という言葉で締めくくった。

――息子のリード・フレアーが全日本に留学生として来ていたんですよね。それで一緒にリック・フレアーも来て、試合に出るはずがドタキャン騒動があったりして（笑）。

鹿島　ボクはチケットを買って大田区体育館まで行きましたよ。そうしたら試合開始直前にドタキャンが発覚して、あのときは

憤慨しましたけど、それもムタ殿堂入りのインダクターを努めてくれたことで水に流しましょう（笑）。

——殿堂式典のインダクターを引き受けたのは、ドタキャン騒動のバーター説（笑）。

斎藤　いま旧NWA系、WCWのすべての映像アーカイブはWWEに集まっているから、髪の長いリック・フレアーと髪の毛がフサフサのグレート・ムタのNWA世界ヘビー級タイトルマッチの映像を殿堂入りのイントロVでしっかり観せていましたね。また、ムタのミスト（毒霧）が、TAJIRI、アスカに引き継がれたという分析もあった。

——カブキさんじゃなくて、ムタが元祖ってことになっていましたよね（笑）。

斎藤　まあ、そのあたりはやや都合よく歴史修正されていた（笑）。毒霧以外にも、ムタはいろいろな技のオリジネーターであるとも紹介されていた。ムーンサルトはもちろん、アメリカで有名なのは鎌固めなんです。

――リバース・インディアンデスロックからブリッジで固める技ですよね。

斎藤　本来、あれは猪木さんの技なんだけれど、アメリカでは「ムタロック」と呼ばれていて、ムタのオリジナルホールドという認識なんです。後期のオリジナル技シャイニングウィザードも、いまNXT女子の選手が愛用している映像が流れて「彼が使う技は世界中でトレンドになる」というナレーションが乗っていた。

「WWEホール・オブ・フェイムが始まったのは、もともとはアンドレのためのものだったんですね」（鹿島）

鹿島　ムタの偉大さを若いファンにも伝わるような映像になっているわけですね。

斎藤　この日、グレート・ムタ自身は和のテイストのタキシードを着て登場。通訳なしで「アイ・ドント・スピーク・イングリッシュ・ベリーウェル」なんて言ってから「私は殿堂に入れたことを大変誇りに思います。みなさん、ありがとう。WWE、ありがとう。リック・フレアー、ありがとう」とすらすらと全部英語であいさつをした。

鹿島　あれはよかったなあ。

斎藤　発音は悪くないし、ペラペラというわけではないけれど、ネイティブにも通じる英語になっているし、短くまとめたところがむしろよかった。当然、最後は毒霧も吹いたし。

――もともとアメリカでのムタはしゃべらないキャラクターですからね。代わりにマネージャーのゲーリー・ハートがしゃべって、そのしゃべらないことが不気味という。

斎藤　マネージャーがしゃべって本人はしゃべらないというのは、グレート・カブキしかり、ケンドー・ナガサキしかり、キラー・カーンしかり、みんなそうでしたから。そしてムタは殿堂式典だけでなく『レッスルマニア』2日目のインターミッションのとき、「ホール・オブ・フェイム・クラス・オブ・2023」の紹介でレイ・ミステリオ、ステイシー・キーブラー、アンディ・カウフマンの家族、それからレフェリーのティム・ホワイトの家族らとともに入場ゲート前に登場して、そこでも毒霧を吹いた。

鹿島　ちゃんと『レッスルマニア』にも登場して、8万人の観客の前で祝福されるっていうのがいいですね。

斎藤　ホール・オブ・フェイマーたちを最大限にVIP待遇することで、それを管理・運営するWWEがホール・オブ・フェイムの概念とその価値を上げているんだと思います。

――そんなわけで今回は、あらためてフミさんにWWEホール・オブ・フェイムについて歴史を含めて語ってもらいたいんですよ。

鹿島　いいですね。日本のファンは、知っているようで知らないことが多いと思いますから。

斎藤　わかりました。WWEホール・オブ・フェイムのセレモニーが始まったのは1993年なんです。

鹿島　ちょうど30年前なんですね。

齋藤　どうしてこれが始まったかと言う

と、1993年1月にアンドレ・ザ・ジャイアントが亡くなって、その年の『レッスルマニア』でアンドレの功績をたたえて表彰するためにホール・オブ・フェイム＝殿堂という枠組みが誕生したんです。

鹿島　なるほど。もともとはアンドレのためのものだったんですね。

斎藤　歴代チャンピオン以外でWWEの歴史にいちばん大きく貢献したレスラー、先代ビンス・マクマホンが発掘して、専属契約を結び、20世紀最大のスーパースターに育てた、いわば〝最高傑作〟がアンドレだった。

――だから『レッスルマニア』に行くとアンドレのブロンズ像が飾ってあるんですよね。初代殿堂入りということで。

斎藤　パンデミックを挟んでここ2年間ほどはやっていませんが、かつては『レッスルマニア』のオープニングは「アンドレ・ザ・ジャイアント・メモリアル・バトルロイヤル」が開催されることが恒例でした。

――3年間に中邑真輔がそれに出ていましたよね。

斎藤　もっとさかのぼると、ヨシタツが優勝した年もあった。そして、ホール・オブ・フェイムが始まった翌年の1994年はちょうどハルク・ホーガンがWCWに移籍した年だった。だから1993年の創設の時点ではアンドレひとりのためのものだったのかもしれないけど、1994年にはバディ・ロジャース、フレッド・ブラッシー、ゴリラ・モンスーン、ボボ・ブラジルらをドーンと殿堂入りさせたんです。

――要は「こちらが正統だぞ」っていうことをアピールしたわけですか。

斎藤　それもあると思います。ホーガンがWCWに移籍したことで、90年代のアメリカのレスリング・ビジネスは2大メジャー競合の時代になった。1995年にはWCWの『マンデー・ナイトロ』が放送開始し、すでに3年前から始まっていたWWEの『マンデーナイト・ロウ』と月曜夜のテレビ戦争が始まった。当初はWWEもそんなには気にしてはいなかったと思うんですね。「あの番組はすぐに撤退するよ」みたいな感覚でタカをくくっていた。ところが1996年夏にはnWoが出現して、「ロウ」と「ナイトロ」の視聴率が逆転して、WWEとWCWの人気がひっくり返った。WWEとしては月曜TVウォーズがあそこまでドロドロ沼の長期戦になるとは想定外だったんだと思います。

――日本の土曜8時戦争もきっとそうですよね。絶対王者だった『8時だョ！全員集合』の裏で始まった『オレたちひょうきん族』があんなに長く続くなんて、『ひょうきん』に出ていた人も思ってなかったんじゃないかと（笑）。

鹿島　きっと思っていないですね（笑）。

――勝てるわけないから、アドリブだらけの邪道で行くぞっていう感じはあったと思うんですよ。

鹿島　『ひょうきん族』はもともとフジテレビの土曜夜、プロ野球中継の雨傘番組で試験的にやったのが、「あっ、これいいじゃん」って感じでレギュラーになったんですよね。それが、あれよあれよという間に『全員集合』の牙城を切り崩していったという。

「なぜＷＷＥホール・オブ・フェイムというものが権威ある催しになったのか。それはＷＷＥが世界征服に成功したからです」（斎藤）

――「タケちゃんマン」の大ブレイクが、アメリカの月曜テレビ戦争におけるｎＷｏブームみたいなもんですかね。

斎藤　だからＷＷＥのホール・オブ・フェイムは、１９９３年に始まってから１９９４年、１９９５年にも殿堂入りのアナウンスメントはあったのですが、ｎＷｏブームが起きた１９９６年を最後に、じつは一度辞めちゃっているんです。

鹿島　あっ、そうだったんですか。凄く政治的ですね。

斎藤　「ナイトロ」との闘いが凄すぎて。

――優雅にホール・オブ・フェイムをやっている場合じゃないと（笑）。

斎藤　というか、できなくなっちゃったんじゃないかと思います。毎週毎週の番組作りと視聴率が勝負だったので。

――殿堂入りさせた途端、引き抜かれる可能性もありそうですしね。

斎藤　それでホール・オブ・フェイムは１９９６年を最後に中断してしまって、復活したのは２００４年なんです。

鹿島　だいぶ空いたんですね。

斎藤　丸８年間、開催されず、２００４年に復活してからは今日までずっと続いているんですけどね。

鹿島　２００４年に復活した意味は何かあるんですか？

斎藤　これは日本というプロレス文化の根づいた国にプロレス殿堂、正式なホール・オブ・フェイムが存在しないいちばんの理由でもあるのですが、なぜＷＷＥホール・オブ・フェイムというものが権威ある催しになったのかというと、やっぱりＷＷＥが世界征服に成功したからなんです。２００１年３月をもってＷＷＥがＷＣＷを買収することで「ナイトロ」が終わり、月曜テレビ戦争も終結して、ＷＣＷという会社自体がなくなった。ＷＣＷの契約選手は一本釣りの人やパッケージの人も含めてＷＷＥに合流していった。

鹿島　ＷＣＷを買収して世界征服に成功したからこそ、ＷＷＥだけのホール・オブ・フェイムではなく、プロレス界全体のホール・オブ・フェイムという形になって、それができるようになったタイミングが２００４年だったということですかね。

斎藤　ざっくり言えば、そういうことになります。世界征服というか、ＷＷＥがＷＣＷを買収し、つまりアメリカのプロレス界を統一したというのは、ＷＷＥがＷＣＷに勝っただけじゃなく、ＮＷＡクロケット・プロ、ＮＷＡジョージア・チャンピオンシップ・レスリング、ＮＷＡフロリダなど、ＷＣＷの親会社ターナー・テレビジョンがすでに保有していた映像アーカイブ、団体ロゴやイベント名、ありとあらゆる商標の知的所有権もすべて獲得したということです。

鹿島　言わば、WWEはNWAの歴史ごと飲み込んだわけですね。

斎藤　リック・フレアー、ダスティ・ローデスといった、〝いかにもNWA〟という人たちもあとから個別の契約でWWEに合流してくるんですね。さらにWCW買収の翌2002年には、ケンカ別れしてもう二度と関わることはないと思われたホーガンとビンス・マクマホンが再会して「WWEでnWoをやりましょう」という企画が立ち上がり、ケビン・ナッシュもスコット・ホールもnWoのキャラクターのまま古巣WWEにカムバックしてきて、その年の『レッスルマニア』ではホーガンvsザ・ロックの超夢のカードが実現した。

鹿島　役者がすべて揃ったと。

斎藤　WCW－NWA系の映像だけでなく、WWEはアメリカとカナダにかつて存在した大小のローカル団体の映像アーカイブも買収していった。AWA、ダラス・ワールドクラスの映像であったり、カナダ・カルガリーの映像などですね。プロレスの映像アーカイブが揃ったことで、WWEのホール・オブ・フェイムは映像としても権威を持つことができた。2010年代半ばから映像はテレビからネット上のストリーミングの時代になりましたから、結果的にそれは「WWEネットワーク」というものになりましたが、当初の事業計画はWWEチャンネルという専門チャンネルの開局だったんです。要するに衛星放送、ケーブルテレビの中にWWE専門チャンネルを作っちゃおうと。

――日本のサムライTVみたいなものを自前で持とうとしたんですね。

鹿島　侍ジャパンよりだいぶ早かったサムライTVですね（笑）。

斎藤　ストリーミング配信がここまでに急激に発展、進化することは予想していなかったから、当初は専門チャンネルを持とうとしていたんです。

――『全裸監督』の村西とおる監督みたいですね（笑）。

鹿島　空からエロが降ってくるっていうのと同じ発想で、空からプロレスを降らそうと（笑）。

――そう考えると村西監督は相当早いですよね。

鹿島　だいたいエロとプロレスが早いですね（笑）。

斎藤　新しいテクノロジーを黎明期に牽引するジャンルは、だいたいそうでしょう。

「他団体での実績も評価するっていうのは、M－1で非よしもとの芸人が優勝して逆によしもとの余裕を感じるのと似ている（笑）」（鹿島）

――そういう意味で、村西監督とビンスって似たところがありますよね。最終的に成功したかどうかが違うだけで。それはいいとして、話をホール・オブ・フェイムに戻しましょう（笑）。

斎藤　WWEがまだプロレス界を統一していない段階、NWAの流れをくむWCWや北部のAWA、あるいは南部のプロレス団体が活動を続けていた時代だと、ホール・

KAMINOGE vol.137

定期購読のご案内!

より早く、より便利に、そしてお得にみなさんのお手元に本書を届けるべく「定期購読」のお申し込みを受け付けております。

発売日より数日早く、税込送料無料でお安くお届けします。ぜひご利用ください。

- 購読料は毎月 1,120 円（税込・送料無料）でお安くなっております。
- 毎月5日前後予定の発売日よりも数日早くお届けします。
- お届けが途切れないよう自動継続システムになります。

お申し込み方法

※初回決済を 25 日までに、右の QR コードを読み込むか、「http://urx3.nu/WILK」にアクセスして決済してください。
以後毎月自動決済を、初月に決済した日に繰り返し実行いたします。
【例】発売日が 6/5 の場合、決済締め切りは 5/25 になります。

※セキュリティ設定等によりメールが正しく届かないことがありますので、決済会社（@robotpayment.co.jp）からのメールが受信できるように設定をしてください。

※毎月 25 日に決済の確認が取れている方から順次発送させていただきます。（26 日～ 28 日出荷）

※カードのエラーなどにより、毎月 25 日までに決済確認の取れない月は発送されません。カード会社へご確認ください。

未配達、発送先変更などについて

※ホームページのお問い合わせより「タイトル」「お名前」「決済番号（決済時のメールに記載）」を明記の上、送信をお願いします。
返信はメールで差し上げておりますため、最新のメールアドレスをご登録いただきますようお願いします。

また、セキュリティ設定等によりメールが正しく届かないことがありますので、「@genbun-sha.co.jp」からのメールが受信できるように設定をしてください。

株式会社　玄文社
［本社］　〒108-0074　東京都港区高輪 4-8-11-306
［事業所］東京都新宿区水道町 2-15 新灯ビル 3F
TEL 03-5206-4010　FAX03-5206-4011
http://genbun-sha.co.jp　info@genbun-sha.co.jp

KAMINOGE

オブ・フェイムでそれら他団体の歴史上のスターを殿堂入りさせても「それはフロリダに限ったレジェンド」とか「北部ミネソタでのレジェンドでしょ」という発想になるだろうし、ビンス・マクマホンが他団体の歴史上の人物を殿堂入りさせることは考えにくい。しかし、21世紀になって世界征服に成功したことにより、プロレス史の歴史年表や世界チャンピオンの系譜そのものがWWEに紐づけされたということです。

——テリトリー制時代のすべてのプロレスの歴史がWWEに集約されるわけですね。

斎藤　過去にどれだけたくさんの団体があったとしても、系譜上は最終的にWWEに統一された形になっているんです。「すべて」と言ってしまうとそれはやや誇張にはなるけれど、〝鉄の爪王国〟ダラス・ワールドクラスや、カナダ・カルガリーのスチュ・ハートさんのスタンピード・レスリング、そして近年になってからですが、バーン・ガニア王国AWAの映像も買い取って、それらがすべてWWEに集まっているので、権利的にも各団体の歴史そのものが「我のところにあり」ということが現実になっています。だからWWEが天下を獲ったことで、ホール・オブ・フェイムも唯一有無のものになったということなんです。

——1団体だけでホール・オブ・フェイムをやっても、あれだけのスケール感や歴史の重みは出ないですもんね。MMAでも、PRIDEを買収したことでUFCのホール・オブ・フェイムは本当の意味で価値が出ましたから。

斎藤　だから厳密に言えば、グレート・ムタはWWEでは試合をしていないんだけれど、いまは〝WWEの歴史の一部〟になっているNWAクロケットプロ、WCWのトップで活躍した実績があり、もちろん日本での実績も加味して今年WWE殿堂入りということになったんだと思います。

——UFCジャパンに一度出ただけの桜庭和志がUFC殿堂入りしたのと同じですね。

斎藤　ムタみたいな例はこれまでにもたくさんあるんです。何年か前は、アブドーラ・ザ・ブッチャーもWWEのリングに上がっていないけれど殿堂入りしたし、プエルトリコのボスのカルロス・コロンも殿堂入りしている。すでに殿堂入りしたスタン・ハンセンは、ブルーノ・サンマルチノの首を折ったという〝実績〟はあったけれど、現役生活のピークはずっと日本のリングで活躍したスーパースターです。

——サンマルチノ時代のWWWFにいたのは1シーズンですもんね。

斎藤　ハンセンの場合、アメリカでの評価は「もっとも成功したカウボーイ・レスラーで、日本ではレジェンド」というものなんです。それはビッグバン・ベイダーもしかり。ベイダーはWCW世界ヘビー級王者になったことがあるし、ヨーロッパでもメキシコでも世界チャンピオンになった。WWEにいた期間は短い。だけれど「日本を始め、インターナショナルなステージで活躍したレジェンド」として殿堂入りした。ホール・オブ・フェイムの定義がワールドワイドな

STUDIOS
OMAHA COUNCIL

ものになったということなのでしょう。

鹿島　他団体での実績もしっかり評価するっていうのは、Ｍ－１グランプリで非よしもとが優勝すると、逆によしもとの余裕を感じるのと似ていますね（笑）。

――なるほど。たしかにそうですね（笑）。

鹿島　Ｍ－１初期には「どうせ、これはよしもとが優勝する大会なんだろ?」って言われていたけれど、審査はもちろんガチンコで、ちゃんと非よしもとでも優勝することで大会としての価値が出たし。それによって、むしろよしもとの王道感が増した感じがありましたから。

――90年代の新日本なんかもそうですよね。『スーパーJカップ』は新日本主催だけど、みちのくプロレスのザ・グレート・サスケが獣神サンダー・ライガーを破って準優勝という結果を残したとき、よけい新日本の余裕を感じましたもんね。

鹿島　そうでした。ああいうことをやると懐の深さというか、「あっ、やっぱり新日本はトップなんだな」っていうのがわかったじゃないですか。

――業界トップとして不動の地位を築いているからこそ、他団体の選手を押し上げることができているわけですもんね。

斎藤　そこから見えてくるもの、ボクたちが考えなければならないのは、日本にはどうして本当の意味でのプロレス殿堂というものがないのかということです。簡単に言えば、ＷＷＥのような団体、組織がないからなんです。

「日本でホール・オブ・フェイムをやるのは凄く大変だと思います。権利関係の交通整理、各団体、関係各方面への根回しが必要ですから」（斎藤）

鹿島　なるほど。

斎藤　変な話、日本でプロレス殿堂やホール・オブ・フェイムは現状ではできっこないんです。新日本、全日本、ノアが別々に存在しているし、日本プロレス、国際プロレス、ＵＷＦ系をはじめ、すでに消滅した団体の権利関係がバラバラになったままだし、年表も系譜も整理整とんされていない。協会設立なんて無理なことは言わないけれど、いわゆる非営利の業界団体さえ存在していない。もちろん、自由競争の業界になっていることはビジネス的には凄く健全なんだと思います。しかし、プロレス殿堂を立ち上げるとしたらどうしたらいいのかと考えた場合、現実にはできっこないんです。ひとつだけ可能性があるとしたら、坂口征二さんがチェアマンというか発起人になる一期一会の集いみたいな空間。

鹿島　出た！　そこに前号でも話した〝坂口法皇〟の登場ですね（笑）。

斎藤　そしてエグゼクティブ・プロデューサー武藤敬司を置く。武藤さんだけなんです、新日本、全日本、ノアの3団体すべてに所属してトップを張ったのは。だから坂口さんを名誉会長に、会長が武藤敬司という体制で次世代になったら、本当のプロレス殿堂ができるかもしれない。

鹿島　ホール・オブ・フェイムとはちょっと違いますけど、東スポの「プロレス大賞」

というのは、いま考えると猪木さんや馬場さんが現役バリバリの頃から、ヒリヒリした絶妙なバランスでけっこう凄いことをやっていましたよね。いろんなしがらみがある中で、問題にならないような目配りをちゃんとしていて（笑）。

――また、どの賞が格上かを明言しないことでそれを可能にしていた気がします（笑）。

斎藤　その中でもMVP（最優秀選手）と年間最高試合賞が2トップということで、80年代半ばまで片方を新日本が獲ったら、もう片方はかならず全日本でした。そして授賞式もかならず馬場さんと猪木さんが同じようになる絵作りをしてね。

――70年代なんかはMVPが毎年猪木さんになっちゃうから、「最高殊勲選手賞」という「ほとんどMVPと同等です」みたいな賞を作って、かならず馬場さんかジャンボ鶴田が受賞したりして（笑）。

斎藤　ある年は年間最高試合賞の候補が3試合くらいあったんだけど、ある記者が「これは全部アントニオ猪木さん絡みですね」って言ったら、馬場さんがプイッと怒っちゃったという有名なエピソードもあるんです。

鹿島　あー、やっちゃった（笑）。

斎藤　その一言で馬場さんの顔色が変わっちゃって、コメントも何もなくなってしまった。70年代後半までは猪木さんと馬場さんのバランスを取るだけでよかったけれど、80年代になるとジャンボ鶴田、藤波辰巳、天龍源一郎、長州力もどこかに入れなきゃいけなくなってくるので、もっと妙なバランスになったんです。

――殊勲賞、敢闘賞、技能賞を駆使してなんとかするという。

鹿島　絶妙な積み木を積み上げている感じがありましたよね。

斎藤　だから本当に日本でホール・オブ・フェイムをやるとしたら、映像のアーカイブを始めとした権利関係の交通整理だけじゃなく、各団体、関係各方面、各派閥への根回しが必要で、凄く大変だと思います。WWEでもビンスと20年以上、絶縁状態にあったブルーノ・サンマルチノを殿堂入りを図るにあたって、トリプルHがわざわざサンマルチノの家まで行って〝御百度〟を踏んだりとかね。

鹿島　この座談会でもトリプルHの話はよく出てきますけど、凄くやり手ですよね。

斎藤　本当に献身的な働き者だと思います。それは婿だというのももちろんあるんでしょうけど。

――マクマホン・ファミリーの中では比較的立場が弱いというか、トップエグゼクティブの地位も、結果を出さないといつ切られてもおかしくないという（笑）。

斎藤　だけどトリプルHは現場、現役の選手に対しては最高に威厳を持っているので、凄くよくやっていると思います。サンマルチノの殿堂入りのときも、最初はサンマルチノから門前払いをされているんです。「もう私はビンス・マクマホンとは縁を切ってるから」という理由で、交渉すらさせてもらえなかった。それでもトリプルH

が「話だけでも聞いてください」と何度もサンマルチノを訪ねたら、「じゃあ、話だけ聞いてやる」っていうことになって話を聞いてもらうことはできたんだけど、それでも断られちゃった。

「サンマルチノが殿堂入りしたことで、WWEホール・オブ・フェームが本当の意味でプロレス殿堂になったんですね」(鹿島)

鹿島　ブルーノ・サンマルチノは、馬場さんの親友というイメージがありますけど、頑固さにおいても相通じるものがありますね(笑)。

斎藤　サンマルチノは殿堂入りを断ったとき、さらに条件をつけたんです。「私が死んだあとにもう1回来て、家族と交渉するのもダメだ」って言ったんです。

鹿島　凄いですね。死んだあとのことも先回りして牽制しちゃっていると(笑)。

斎藤　それくらいビンスのことが嫌いだったのでしょう。

鹿島　亡くなった途端に物事が進んじゃうってことがよくありますもんね。

斎藤　ご家族に大きなお金が入ることになるから、それでOKするような例がプロレスにかぎらずいろんな分野でありますよね。あとはご家族がそのジャンルに対して無理解だったりとか。

鹿島　だから交渉する側は、家族のほうが攻めやすかったりする場合もあるけれど、サンマルチノはそれすらも先回りして拒絶したと。

斎藤　ただ、それでもトリプルHが何回も来るものだから、ついにサンマルチノが「考えないでもない」という返事をしたんですね。トリプルHからしたら「よし、ここまで来た!」ってなるでしょ?

鹿島　「あとひと押しだ!」ってなりますよね。

斎藤　そのときにサンマルチノは「だけど、ひとつだけ条件がある」と言って。これは金額については公表されてないんですけど、凄く信ぴょう性の高い噂では「条件は1ミリオンだ」と言ったらしいんです。

——100万ドル。約1億円ですね。

斎藤　サンマルチノは60~70年代に活躍した世代ですから、あの時代の感覚で「100万ドル」と言ったら「失礼しました」って引き下がる額なんでしょう。

鹿島　要は絶対に出せない額を言って、あきらめさせようとしたわけですね。

斎藤　そうしたらトリプルHが「100万ドルですか。わかりました。持って帰ります」って言って、2週間後にビンスがOKを出してちゃんとその額を用意したんです。現代のWWEにとって、サンマルチノの殿堂入りに100万ドル払うくらい、なんてことなかったんでしょうね。

——メジャースポーツのトップ選手の報酬というのは、40年くらい前の基準で考えると、とんでもなく上がっていますもんね。1億円と言ったら、プロ野球で落合博満が1986年に初めて年俸1億円に届いたとき「すげえな」って思いましたけど、いまトップは6億とかになっているし。MLB

の大谷翔平にいたっては年俸3000万ドル（約40億5000万円）で、いまや年俸1億円プレイヤーといっても「普通かな？」みたいな感じですから。

斎藤　だからWWEは、サンマルチノの金銭的な要求にはなんなく応えられたんだけど、表彰式の日までサンマルチノとビンスは一度も会わなかったんです。現場でやっと会っただけ。それまでの段取りはすべてトリプルHがやったので、偉いと思います。

鹿島　WWE最大の功労者のひとりであるブルーノ・サンマルチノが殿堂入りしないのはおかしいわけで。トリプルHの努力と粘り強い交渉でサンマルチノを説得したことで、WWEホール・オブ・フェームが本当の意味でプロレス殿堂になったわけですもんね。

斎藤　それ以前にもWWEはちゃんとレジェンドに対して誠意を持って交渉したからこそ、バディ・ロジャース、フレッド・ブラッシーらを含め、すでに亡くなったほとんどのレジェンドがちゃんとWWE殿堂入りしている。WWEホール・オブ・フェイムが現在のしっかりとした権威のあるプロレス殿堂になるまでには、映像アーカイブを含めた世界征服とともに、個々のレジェンドに対する細やかな根回し、粘り強い交渉があった。プロレスの歴史そのもの、自分たちが真剣に取り組み、全人生を捧げているジャンルに対する敬意があってのホール・オブ・フェイムなんだと思います。

斎藤文彦
1962年1月1日生まれ、東京都杉並区出身。プロレスライター、コラムニスト、大学講師。アメリカミネソタ州オーガズバーグ大学教養学部卒、早稲田大学大学院スポーツ科学学術院スポーツ科学研究科修士課程修了、筑波大学大学院人間総合科学研究科体育科学専攻博士後期課程満期。プロレスラーの海外武者修行に憧れ17歳で渡米して1981年より取材活動をスタート。『週刊プロレス』では創刊時から執筆。近著に『プロレス入門』『プロレス入門II』（いずれもビジネス社）、『フミ・サイトーのアメリカン・プロレス講座』（電波社）、『昭和プロレス正史 上下巻』（イースト・プレス）などがある。

プチ鹿島
1970年5月23日生まれ、長野県千曲市出身。お笑い芸人、コラムニスト。大阪芸術大学卒業後、芸人活動を開始。時事ネタと見立てを得意とする芸風で、新聞、雑誌などを多数寄稿する。TBSラジオ『東京ポッド許可局』『荒川強啓 デイ・キャッチ！』出演、テレビ朝日系『サンデーステーション』にレギュラー出演中。著書に『うそ社説』『うそ社説2』（いずれもボイジャー）、『教養としてのプロレス』（双葉文庫）、『芸人式新聞の読み方』（幻冬舎）、『プロレスを見れば世の中がわかる』（宝島社）などがある。本誌でも人気コラム『俺の人生にも、一度くらい幸せなコラムがあってもいい。』を連載中。

兵庫慎司のプロレスとまったく関係なくはない話

第95回　思ったより厄介、白髪って

たとえば。FUJIWARAの原西孝幸が、上が長めで黒、両サイドと後ろが短くて白髪、という、言わば「黒白ツーブロック頭」になった時、「あれ?」と思いませんでした?ちょっと何か、困った気持ちになりませんでした? 2年前、「15年ぶりに原西イメチェン、ゴリラが衝撃の新ヘアに」というFUJIWARAのYouTubeの企画で、彼の髪を長年切っている美容師にまかせて新しいヘアスタイルにしてもらった結果、あなったのだった。原西、それまでは白髪を染めるため、2週に一回、彼女の美容室に通っていたという。要は、切り方を変えたと共に、白髪の横と後ろは染めるのをやめた、ということなのだが。

白髪って人を選びません? キャラクターや職業によって、「あり」「なし」の差が激しくありません? これ、白髪が似合う似合わないとは、別の問題な気がする。原西、似合っているし、前よりオシャレだし、その美容師さん、さすがだなあと思ったし。

しかし。彼の「一発ギャグを一兆個持つ男」としての、あの素敵な芸風と白髪って、食い合わせが悪い。と、どうしても思ってしまうのだった。モンスターエンジン西森洋一も、ちょっと目を離している隙にロマンスグレーになっていて、どういう気持ちで見ればいいのかわからない自分がいる。

同じ芸人でも、たとえば、松本人志ならありだと思う。バカリズムでもありだ。しかし、さまぁ～ず三村あたりから「白髪だとちょっと困る」エリアに入り、出川哲朗だとさらに困り、錦鯉の雅紀さんに至っては「ハゲててよかった! 白髪じゃなくてよかった!」とすら言いたくなる。そう、ハゲはいいけど、白髪はなし、なのだ。

加藤茶が幾つになってもちゃんと髪を染めているのも、そういうことなのだと思う。いかりや長介が「ハゲも白髪もOK」だったのとは対照的だが、ドリフターズの中でのバランスを鑑みると納得だ。志村けんが染めていたのは、その中間の「ハゲはいいけど白髪はなし」という判断だったのだろう。

僕は昔、小松政夫にインタビューしたことがあるのだが、「髪、ほんとは真っ白なんだけど、ここ(前髪の一部)だけ残して染めてるんだよね」とおっしゃっていた。白髪だとやりにくい、という、笑いに生きる者と

兵庫慎司

(ひょうご・しんじ) 1968年生まれ、広島出身・東京在住、音楽などのライター。

本誌の前号を読んで、自分にあきれた。みなさん大なり小なり2・21東京ドームの武藤敬司引退試合に触れているのに、俺だけ完全スルー。なぜ触れない。興味がなかったならわかるが、東京ドームに行ったのに。なお、スタンドの最後方のてっぺんの席で、そのあたりは最初はけっこう空いていたが、武藤の試合が近づくにつれて仕事帰りのサラリーマンでだんだん埋まってきて、「ど平日だから、最初からは観れないけど武藤に間に合えばいい、というつもりでチケットを買ったんだな」と、なんかうれしくなりました。

しての自覚があったのだろう。

　となってくると、インテリっぽい芸人なら白髪ありだけど、バカっぽいキャラは白髪なし、というような簡単な話ではないことがわかってくる。たとえば前述のさまぁ～ずで言うと、三村はなしだけど大竹はあり、ではなくて、大竹もなしな気がする。

　さっき僕は、松本人志は「白髪あり」だと書いたが、実際は長年金髪である。ビートたけしも金髪だ。おふたりとも、染める時に黒じゃなくて金を選んでいるわけで、つまりどちらも「白髪のまま放置する」という選択肢はなかった、ということだ。

　と考えていくと、「老化」を見た目で伝えてくる、という意味で、白髪というのはハゲよりも全然厄介である、という結論に達するのだった。俳優やミュージシャンでも、白髪をそのままにしている人の割合と、染めている人の割合を比較すれば、一目瞭然だ。少なくとも自分は、草笛光子と、近藤サトと、グレイプバイン等で弾いているキーボーディストの高野勲くらいしか思いつかない、白髪が肯定的な意味でのトレードマークになっている人。

　ましてやプロスポーツとなると……って、そもそも白髪になる歳まで現役でやっている選手、いないか。いや、いた。そうだ。プロレスラーだ。特に昨今は多い、50代になっても現役の人。しかし、毛が薄くなってきたのでスキンヘッドにする武藤敬司パターンはあるが、白髪をそのまま放置している例、となると、思いつかないのだった。そういえば内藤哲也の毛髪、スキンヘッドにする直前の武藤に、非常に近い状態になっていますよね、今。どのタイミングで剃るのか、注目している私です。

　話がそれた。戻します。レスラーで白髪、というと、それこそ「銀髪鬼」の異名をとったフレッド・ブラッシーぐらいしか思い当たらない。白じゃなくて銀だけど。しかもあの銀髪、ヒールとしてのキャラを立てるために、染めてあの色にしていたらしいけど。『銀髪鬼』以外に誰か思いつきます？」と、井上編集長に問うてみたところ、「リック・フレアーくらいですかねえ」という返事だった。あ、そうだ、確かに。でも、金髪だった頃のほうの印象が強いですよね。金→黒よりも、金→白のほうが、変わり方の幅が狭いから、そうしたのかもしれない。

　僕は「ドライヤー当てるのが面倒」と「伸ばすと白髪が出る」のふたつの理由で、40歳ぐらいからずっと短髪にしている。で、坊主にすると「20万円で人を殺める東南アジアの殺し屋みたい」と言われたことがあるほど人相が悪くなるので、上はちょっと残して左右と後ろは刈り上げているのだが、なんということでしょう、最近さすがに「短くても白髪が出る」の領域に入って来てしまって、見た目が日々だんだん、原西ヘアーに近づいているのである。

　で、原西と同じように、僕の職業及びキャラクターも、白髪だと按配が悪い、という自覚があるのだった。大御所の音楽評論家とかならいいけど、俺ぐらいの奴が白髪って、イヤじゃない？初対面の若いバンドにインタビューに行く時、「うわ、白髪のジジイ来た」ってなるじゃない？染めたほうがいいのかな。でも無理してがんばってる感じが出るほうがイタいかなあ。と、迷っているもんで、書いてみたのだった。そして、あなたに問いたいのだった。

　白髪ってどうしてます？

HENTAIZADANKAI

玉袋筋太郎の変態座談会

TAMABUKURO SUJITARO

“美しき女豹”

MIMA SHIMODA

下田美馬

**誰に聞いても凄絶すぎる全女時代!
美人レスラーからヒールへの転身
高飛車な女キャラで一時代を築き、
桜樹ルイとの友情秘話にむせび泣く!!**

収録日:2023年4月10日　撮影:タイコウクニヨシ　試合写真:山内猛　構成:堀江ガンツ
(※椎名はガンツが取材日を間違えて伝えていたため今回欠席)

[変態座談会出席者プロフィール]
玉袋筋太郎(1967年・東京都出身の54歳/お笑い芸人/全日本スナック連盟会長)
椎名基樹(1968年・静岡県出身の53歳/構成作家/本誌でコラム連載中)
堀江ガンツ(1973年・栃木県出身の49歳/プロレス・格闘技ライター/変態座談会主宰者)
[スペシャルゲスト]下田美馬(しもだ・みま)
1970年12月23日生まれ、東京都目黒区出身。プロレスラー。
新日本プロレス・バックステージスタッフ。
1987年8月5日、全日本女子プロレスでの三田英津子戦でデビュー。同期の豊田真奈美や三田英津子とタッグを組んで活躍する。1990年3月18日、アジャ・コングとの格闘技戦でローリング裏拳により下顎骨折および前歯数本を欠損した。1992年、三田と共に北斗晶に師事し、猛武闘賊(ラス・カチョーラス・オリエンタレス)を結成して躍進。北斗引退後も三田とのタッグで全女内だけじゃなくLLPWやJWPといった他団体との対抗戦でも存在を示していく。その後全女を退団してフリー、ネオ・レディース(NEO女子プロレス)所属、AtoZ所属となり、2003年に現役引退後はAtoZのエージェントマネージャーに就任するが2004年7月に1日限りの復帰。2005年2月、本格的に現役復帰を果たしてメキシコCMLLを主戦場とする。2020年より新日本プロレスでバックステージスタッフを務めている。

「全日本女子プロレスの道場から私の実家までは歩いて帰れる距離なのに、入門してから1年間帰れなかったんです」（下田）

玉袋　ガンツ！　今日は椎名（基樹）先生はどうしたんだ？

ガンツ　じつはボクが日にちを間違えて教えていたみたいで、朝から電話してみたんですけど出ないのでお休みです（笑）。

玉袋　バカ野郎。椎名先生は昼夜逆転生活なんだから、朝なんかいちばん深い眠りについてるよ。しょうがねえな。

ガンツ　家が遠いから間に合いませんけど、ついさっき連絡が来て「下田美馬に会いたかった……」と言ってました。

玉袋　そりゃ会いてえよ。この変態座談会でひさしぶりの綺麗どころだからね。というわけで下田さん、よろしくお願いします！

下田　よろしくお願いします（笑）。

ガンツ　女性ゲストはひさしぶりですけど、我々は全女ファンなんで、これまで何人も出てもらっているんですよね。

下田　どういった方が出られましたか？

ガンツ　ブル様（ブル中野）、長与千種さん、立野記代さん、豊田真奈美さん、あと井上京子さんにも出ていただいていますし。

玉袋　そう、京子ちゃんのお店（武蔵小山『あかゆ』）でやらせてもらったんだけど、すげえサービスでシャンパンのモエをじゃんじゃん抜きだしちゃって、潰されたよ。凄かったな、ありゃ。

下田　お酒強いですよね。私も京子の店にはよく行っていて、けっこう仲いいです（笑）。

玉袋　〝赤湯〟に漬けられたよ、俺たちは。

下田　16年くらい前、新日本プロレスの矢野通選手も行かれていて、私たちもよく矢野さんに潰されたっていう伝説の店なんです（笑）。

玉袋　言ってみりゃ、あそこもプロレスラーとしての何かを養う別の道場だよな。

ガンツ　目黒から武蔵小山一帯は全女聖地ですしね。

玉袋　ＯＧはみんなあのへんに店を出してるんだから。全女の〝シマ〟だよ（笑）。下田さんが全女に入ったのはいつなんですか？

下田　私は１９８７年に入門して、今年で丸36年です。

ガンツ　いわゆる「（昭和）62年組」ですよね。

下田　本当に36年も経っちゃったって、あっという間ですね。

玉袋　振り返ってみれば、そうなんだよな。女子プロに入る決意はいつ頃芽生えたんですか？

下田　私は中学生のときにクラッシュ・ギャルズが大好きになって、「クラッシュ・ギャルズに会うためには女子プロレスラーになるしかないんだ」って思ったのがきっかけですね。私はべつにプロレスが好きだったわけじゃないですけど、最初のとっかかりは長与さんと（ライオネス）飛鳥さんが芸能人水泳大会に出ていて、そこで好きになっちゃって（笑）。

玉袋　へえ、水泳大会きっかけか。大磯ロングビーチだ（笑）。男はギャランドゥしていた時代だな。

下田　その後、日曜日の『全日本女子プロレス中継』を観るようになって、プロレスも好きになったんです。

玉袋　出身はどこなんですか？

下田　私は東京都目黒区です。

ガンツ　思いっきり地元じゃないですか！（笑）。

玉袋　地場産業に取り込まれたようなもんだよ、それは。

下田　下目黒2丁目が全日本女子プロレスの道場で、私の実家があったのが下目黒6丁目だったので、本当に歩いてでも帰れる距離なのに、入門してから1年間「帰っていいよ」って言われるまでは帰れなかったんです。

玉袋　そんなに近場なのに強制収容されていたわけか。目黒っていうと、学校は？

下田　私は目黒不動小学校で、そのあとは私立に。

玉袋　私立？　お嬢様じゃない！

ガンツ　ラスカチョはふたりともお嬢様なんですよね（笑）。

下田　父が事業をしていたもので。事業という名の夜のお店を何軒かやっていたんです。夜の店をやっているって言うと「店って言うな。事業家だ」って父に怒られるんですけど（笑）。

玉袋　俺の実家もそうですよ。ガキの頃、親父に「なんで俺んちは麻雀屋なんだよ。嫌だよ、麻雀屋なんて」つったらさ、「バカ野郎、俺は社長だ！」って。自分のこと「社長」って言ってんだから（笑）。だから会社勤めの親に憧れたりしたよね。ちょっとうしろめたいというか。

下田　ウチの父は夕方にご飯を食べてから仕事に行くので、私が早く学校から帰ってこないと一緒にご飯を食べられないから、門限が凄く厳しかったんです。

玉袋　門限が夕方っていうね。早えよ（笑）。

下田　それなのに「プロレスラーになる」って言っちゃったもんだから（笑）。

「下田さんの全女入団の経緯に、菅原文太さんと福田会長が出てきちゃうって衝撃的だよ！最強のコネだよ（笑）」（玉袋）

玉袋　まあ、言ってみたら同じ〝夜の仕事〟なんだけど（笑）。反対もあったでしょう？

下田　オーディションに合格したあと、父は大反対だったんですけど、日本レスリング協会の福田（富昭）会長が説得してくださったんです。

玉袋　えーっ、福田会長が⁉　どういう経緯があったんですか?

下田　最初、私は15歳のときにオーディションを受けたんですけど、そのときは落ちたんですね。それで当時、全女の道場で受け身とかを教えてくれるスポーツクラブをやっていたんで、そこに通い始めたんです。

ガンツ　巡業中は道場が空いてるから、たくさんいる入門志願の人たちに有料で基礎を教えるっていうプロレススクールのはしりをやっていたんですよね。

下田　回数券制で1回500円でした。ちょうどその頃、女子のアマレスが発足してレスリング協会と全女が提携することになったとき、「道場に通っている女の子たちを何人かピックアップして連れて行ってもいいですか?」みたいな話になったらしくて、私は身体も大きかったので誘われたんですよ。

ガンツ　黎明期の女子レスリングにスカウトされたと。

下田　それで私はアマレスに通うようになって。一緒に練習して女子のアマレスも広めていきましょう、みたいな。

ガンツ　だから第1回の女子レスリング全日本選手権入賞者は、全女の新人だらけだったんですよね。

下田　私の同期の豊田真奈美がプロデビューしたあと、アマレスの星川(君枝)さんという当時のチャンピオンに勝っちゃったもんだから、大変なことになって(笑)。

ガンツ　星川さんって、のちに全日本何連覇もして世界選手権で銀メダルを獲得する凄い選手なんですよね。

玉袋　当時の全女は何千人の中から選ばれて、しかも地獄のトレーニングを積んでいるから、フィジカルがハンパじゃなかったんだろうな。

下田　私たちの年は4500人ぐらいフジテレビに集まって、選ばれたのが7人ですから。

玉袋　すげえ倍率だよ!

下田　当時、逸見政孝さんがやられていたフジテレビの6時のニュースで「今日、女子プロレスのオーディションがありました」って流れちゃって。父には内緒だったんですけど、きょうだいが「姉さんが映ってるよ」って言ってバレちゃったんですけど(笑)。

玉袋　〝親バレ〟が早すぎるよ!(笑)。でも下田さんもその7人に入ったっていうのがすげえ。

下田　私の場合、本当は落ちていたんじゃないかと思うんですよ。2回目のオーディションを受けたときに福田会長もいらしていて、私のことを推してくれたみたいで。

玉袋　運命だね、それは。ちょっとしたコネ入団とも言えるけど(笑)。

下田　本当にそんな感じですよ。その後、会長の会社に両親と挨拶に行ったとき、福田会長が「彼女が結婚できなかったらボ

クがお婿さんを探すから、女子プロレスラーにならせてあげてください」って言ってくれて、父も「もうしょうがない」っていう感じで（笑）。

玉袋　福田会長にそこまでしてもらえるのが凄いよ。

下田　そしてもうひとり、後押しをしてくれた方が菅原文太さんだったんです。

玉袋　ええっ！　文太!?

下田　菅原文太さんはもともと女子プロレスの『輝きたいの』っていうドラマのコーチ役をやられていて。

玉袋　そうだ、観てた、観てた！

下田　それでよく父のお店に文太さんがいらっしゃっていて、父親は「センバ」って言うんですけど、「センバちゃん、やらせてやれよ」って言ってくださっていたんです。結局、福田会長から推され、文太さんからも推され、「これはもう入れるしかない」って感じでしたね。

玉袋　いや〜、全女入団の経緯に文太さんが出てきちゃうって衝撃的だよ。

下田　文太さんは全日本女子プロレスの事務所に「自分の知り合いの娘が入るからよろしくお願いします」って電話しちゃったんですよ。そうしたら入門したあと、先輩から「あんた、菅原文太のコネなんでしょ？」って言われて（笑）。

玉袋　ガハハハハ！　最強のコネだよ（笑）。

下田　それで凄くいじめられました（笑）。

玉袋　でも、いい話だよ。文太さん主演の『トラック野郎』には、全女の大先輩であるマッハ文朱さんも出ているからね。

ガンツ　出てましたね！　トラック野郎の菅原文太とミキサー車のマッハ文朱の乱闘シーンとキスシーンまであって（笑）。

玉袋　一本の道がつながったな（笑）。それで家から近所の全女に入寮か。

下田　豊田真奈美とか地方のコたちは、両親に連れられて入寮してそこで別れるみたいな感じなんですけど、私は近所のふとん屋で「ふとん買ってけ」って10万円渡されて、ふとんを抱えてひとりで入寮しました（笑）。

玉袋　携帯も何もない時代、地方から出てきたコは心細かったろうな。

下田　全日本女子プロレスの前に電話ボックスがひとつあって、みんな夜な夜な泣きながら実家に電話していたんです。豊田真奈美は島根弁をみんなに聞かれるのが恥ずかしいみたいで、お母さんに電話するときはいつも「みんな向こうに行って」って言っていましたね。思い出の電話ボックスです。

玉袋　その電話ボックスの中に、いくつものドラマがあったんだろうな〜。

下田　もう全女の建物は取り壊されて、いまはパーキングになっているんですけど、思い出の電話ボックスだけは残っているんですよ。それがうれしいですね。

「お酒を最初に覚えさせていただいたのが16歳のときで、六本木の芋洗坂のVIPルームでヘネシーを飲んで潰れました（笑）」（下田）

玉袋 その中に入ったらタイムマシーンだな。若手の頃に戻って泣けてくるよ。下田さんなんか、家が近いから帰っちゃおうと思えば帰れる距離なのに、逃げずにいたその根性は凄いよ。

下田 帰れなかったですね。帰って親を心配させたくないし。

玉袋 脱走は考えなかったんですか？

下田 一度、脱走したことがあるんですよ。それは巡業中じゃなくて、当時、全女が秩父に山を持ってたのはご存知ですか？

玉袋 知ってますよ。リングスター・フィールド！

ガンツ 山奥すぎて道が細いから、バスでは行けないレジャー施設（笑）。

玉袋 荒井注のカラオケボックスと同じ過ちを、全女は巨大な規模でやっちゃっているんだから（笑）。

下田 そこでブルさんたち獄門党のテレビ撮影みたいな合宿があって、「手伝いに行け」って言われたんで、豊田と一緒に遊びみたいな感覚で行っちゃったら、私たちがあまりにも仕事をちゃんとやっていないっていうことで凄く怒られて。それで夜中に秩父駅まで一晩かけて歩いて山を降りて、5時くらいの始発に乗って逃げちゃったという。結局、行く場所もないから目黒の駅まで行ったところで、すぐに会社の人に捕獲されたんですけど（笑）。

玉袋 でも秩父の山道をよく夜中に歩いたよ。埋められなくてよかったよ。

下田 本当に怖くて。何が出てくるかわからなかったし。

ガンツ いまでも秩父の山道には外灯なんかほとんどないから、夜は真っ暗ですよ（笑）。ボクが以前、豊田さんから聞いたのは、同期がブル様にあることないことを吹き込んでいて、それでもの凄く厳しかったって。

下田 あっ、豊田もこのこと言ってました？

ガンツ 逃げようにもお金を持っていなかったんで、後輩の井上貴子さんに1万円借りて逃げたって言ってました（笑）。

下田 そうだった！ 豊田、そんなことまで憶えてたんだ（笑）。同期のすぐ辞めちゃったコで、寮を出たあとに中野さんの家に居候していたコがいたんですよ。そのコが私たちのあることないことを吹き込んだらしいんですけど。

玉袋 うわっ、ひでえな。

下田 結局、そのコは中野さんの家賃を〝コレ〟してたのが見つかって、クビになっちゃったんですけどね。

ガンツ 下田さんたちの同期で窃盗事件でクビになった人がいるっていうのは、その人ですか。

下田　窃盗事件でクビになったのはふたりいるんですよ。もうひとりのコは同期のお金を盗んだり、先輩のお金を盗んだりして、東京新聞に載りました。
玉袋　ええっ、お縄になったの？
下田　はい。彼女は18歳過ぎてたんで新聞に載って。私もやられたんですけど。
玉袋　手癖が悪いのが同期にふたりもいたのか。
下田　女子プロレスラーって、昔は「貧しい家のコが親を助けるためになる」っていうストーリー的なものがあったじゃないですか？　その手癖が悪くて捕まっちゃったコは、やっぱり貧しい複雑な家庭で、私とか豊田とか三田は普通の家だったので「それが悔しい」っていうのでお金を抜かれちゃったんです。
玉袋　ねじ曲がった復讐心みてえなもんかな。
下田　当時の巡業は旅館が中心だったんで、私は同じ部屋になることが多かったんですよ。それでお給料は手渡しだったので、給料袋を『週刊プロレス』に挟んでボストンバッグに入れておいたら、ものの見事に次の日なくなっていて（笑）。そのときは彼女を疑わずに「給料がなくなった」って騒いでいたんですけど、次の月に三田英津子が「私の郵便局のカードがない」って言い出して。カードを盗んだコは武蔵小山の郵便局に朝イチで行ったんでしょうね。防犯カメラを確認したら、そのコが映っていてお金を下ろした記録が一致しちゃったんです。
玉袋　なんか切ねえなあ。昭和のプロレスっていうのは男のほうもそうだけど、貧しい家のコがなるっていうそういう側面もあったからね。
ガンツ　窃盗じゃないにしろ、閉鎖された世界だからいろんな事件や問題はあったんでしょうね。
玉袋　上下関係も厳しいしね。俺が90年代に全女にロケで行ったとき、白鳥智香子ってあのかわいいコがすげえいじめられてるのを見ちゃってさ。うわっ、嫌なもん見ちゃったなと思ったよ。
下田　智香子も銀行の頭取の娘なんですよ。
玉袋　すげえお嬢様なんだよね。
下田　彼女も目黒区出身で、私と同じ幼稚園だったんです（笑）。
玉袋　そういうのを見て、厳しい世界だなと思って。
下田　要領が悪くてもやられるんですよ。私も智香子も要領が悪くて、豊田も要領は悪かったんですけど、彼女の場合は実力がグーンとずば抜けちゃったので、先輩が押さえつけられなくなったんです。でも中途半端に要領が悪かったり、先輩に実力で勝てないとやられますよね。
ガンツ　上下関係は厳しいけど、力の世界でもあるわけですもんね。
玉袋　下田さんは付き人はやったんですか？
下田　私は西脇充子さんと立野記代さんに付いていたんですよ。

でも、おふたりはご自分のことはご自分でやられるので「出発時間だけ連絡ちょうだい」っていうくらいで大変ではなかったです。あと、よく「飲みに行くよ」って誘われたりとか。三禁だったんですけどね（笑）。

ガンツ　三禁という全女の掟はあるものの、先輩の誘いのほうが絶対という（笑）。

下田　だから私、お酒を最初に覚えさせていただいたのが、六本木の芋洗坂のＶＩＰルームで、そこでヘネシーを飲んで潰れました。16歳のときに（笑）。

玉袋　もう時効だけど早えな（笑）。ヘネシーが飲み口がいいんだよね、クラッシュアイス入れてさ。

下田　あと、真ん中をくり抜いたメロンに入れたりして（笑）。

ガンツ　バブリーですねえ（笑）。

下田　そこにダンプ（松本）さんがいたから、そんな贅沢ができたんですよ。かわいがっていただいて。

「全女の派閥抗争の相関図を書いてほしいね。『週刊プロレス』じゃなくて『週刊実話』が必要だよ（笑）」（玉袋）

ガンツ　ダンプさんは極悪同盟ですけど、私生活ではアイドル系の人たちを下につけていたっていいますよね。

玉袋　立野記代、西脇充子、下田美馬だもんな。

下田　どんなに夜遅くてもダンプさんから電話がかかってきたら、「いまから行きます」って言って芋洗坂に行ってましたね。

玉袋　芸人の世界も一緒だよ。「オイ、タマ！　飲みだ！」「はい！」って、俺も夜中でも行ってたもんな。

下田　三禁だから飲んじゃいけないんですけど、先輩の誘いだと飲めるし、飲まなきゃいけないんですよ。でもそれがほかの派閥の先輩にバレると、「アイツ飲んでるよ」って問題になったり、いじめられたりするんですよ。

玉袋　つれえな～！　当時はどんな派閥になっていたんですか？

下田　ダンプさんのグループには立野記代さんと西脇充子さんがいて、西脇さんとファイヤー・ジェッツというコンビを組んでいた堀田祐美子さんも仲がよかったりして。デビル雅美さんの派閥には山崎五紀さんがいたりとか。あと長与さんはお酒が飲めないので、長与さん系列はみなみ鈴香さん、山田敏代とか、お酒をあんまり飲めない人たちだったり。

玉袋　その相関図を書いてほしいね。

ガンツ　リング上とは別のリアルな軍団抗争を（笑）。

下田　大きく分けると、長与派、飛鳥派、ダンプ派、デビル派。

玉袋　その4つなんですね。

下田　で、飛鳥さんとジャガー（横田）さんが仲よくて、長与さんはデビルさんと仲がよくて、そこから枝分かれしたり、いろいろあるんですよ。
ガンツ　ジャガー会系飛鳥組みたいな感じで（笑）。
玉袋　『週刊プロレス』じゃなくて『週刊実話』が必要だよ（笑）。
ガンツ　派閥の抗争を報道するためには（笑）。
下田　ダンプさん引退後はブルさん派ができて、北斗さんとブルさんは仲良しというか同志みたいだったので、そこに三田英津子がいたりとか、そんな感じですね。
玉袋　それを（オーナーの）松永ファミリーは外から見ているのかね？「この派閥とこの派閥をやらせたらおもしろい」とか。
下田　よくおわかりになりますね（笑）。そうなんですよ。ガチで仕掛けるんです。「アイツがなんかおまえの悪口を言ってたよ」って、言ってもいないことを会長が焼きそばを焼きながら言うんですよ。
ガンツ　ガハハハハ！　さすがです（笑）。
下田　そうやって焚きつけるんです。本当にその通り。だからあの頃の全女の抗争ってリアルなケンカのストーリーですよね。そうするとお客さんもよろこぶんですよ。女が本気でケンカしてるから。
ガンツ　しかもそのケンカマッチの勝敗を、松永兄弟同士でお金を賭けていたという（笑）。
玉袋　コンプライアンスという概念がないからね。下田さんはよかったよ、いまは新日本プロレスというしっかりとした企業に入って。
下田　はい、キングオブスポーツのライオンさんに見守られて（笑）。
玉袋　同じ興行会社と言っても、全女のほうは会社というより山っ気がある興行師だもんな。
ガンツ　毎日焼きそばを焼いちゃって、テキ屋グループに近い（笑）。
下田　興行って普通は「行」じゃないですか？　全日本女子プロレス興業って、こっちの「業」なんですよ。なんでなんだろうって思って。
玉袋　会社名からして『週刊実話』案件というね（笑）。下田さんはSUN族（全女ビル2階のレストラン）では働かなかったんですか？
下田　SUN族ができたのが1年後輩の井上京子、井上貴子、吉田万里子の時代からなので、私たちはギリ働いていないんですよ。
玉袋　俺、よくSUN族のステーキ丼とか食ってたよ。
下田　ランチが大流行りだったんですよ。
ガンツ　その勢いに乗って、カルビ丼の店をチェーン展開させようとしたこともありましたよね。ほぼ脂身のカルビ丼で、すぐに撤退を余儀なくされましたけど（笑）。

下田　そうそう（笑）。
玉袋　俺は全女のSUN族にも行くんだけど、ちょっとカネがあると隣のステーキハウスB&Mに行ったりとか、そんなこともあったね。
下田　B&M、懐かしい。お給料をもらったらかならず月に1回行ってました。
玉袋　B&Mはいまでもあるからね。
ガンツ　下田さんたち62年組は、けっこう早い段階から売り出されましたよね？　長与さんたちが引退して世代交代の時期だから、次のスターが早急にほしかったんだと思いますけど。
下田　だから、まだ何もできないのに会社が私と豊田真奈美でスイート・ハーツっていうのを組んで、三田と山田がドリーム・オルカで。ちょうどフジテレビのプロデューサーが代わった頃で「CDを出すから歌のボイストレーニングに行け」って言われたんですけど、私は歌が下手すぎて、2回目からは「来なくていい」って言われて（笑）。
ガンツ　だからリング上でのコンビは、下田&豊田、三田&山田なのに、CDは豊田さんと三田さんのペアで出したんですよね。
下田　ミント・シャワーズっていう、歌だけのペアを組んだんですよ（笑）。試合のほうも私と豊田という髪の長いのと、山田と三田のボーイッシュなので抗争をやらせたかったのに、私と三田がダメすぎて、今度は豊田と山田が組むようになったんです。あのコたちは先輩たちに対してもガンガン行って実力もあったから、「先輩を抜かしてやる」っていう気持ちが強かったんですけど、私と三田は「先輩に怒られないように」って感じで試合をしていたんで、どんどん差がついちゃって。

「下田さんの飛躍のきっかけとなったのは、北斗さんの下で三田さんと3人でラスカチョを結成したことですよね」（ガンツ）

ガンツ　豊田さんはルチャの団体ユニバーサル（・レスリング連盟）に出て、いち早くブレイクしましたけど、その頃、下田さんはなぜかボクシンググローブを着けて格闘技戦をやっていましたよね？
玉袋　やってたな〜。俺はいまでもアジャコングvs下田美馬がトラウマなんだよ。なんでやることになったんですか？
下田　私自身、「なんでやったんだろう？」って感じなんですけど。たぶんプロレスで使えないから「格闘技戦をやらせてみよう」ってなって、やらないと辞めさせるぐらいのことを言われたんでしょうね。
玉袋　アジャ様とグローブで殴り合わないとクビって、人権も何もねえよ！（笑）。
下田　全日本女子プロレスって、巡業中に朝の8時半から朝練があるんですよ。その朝練で（松永）国松マネージャーが元ボクサーだったのでボクシングをやるんです。で、私も適当にやっていたら、ある日いきなりボブ矢沢（レフェリー）に呼ばれて「格闘技戦やれよ」「これはいいチャンスだよ」って言うんです。「相手は誰？」って聞いたら「アジャコング」って言うから「ええっ！」ってなったんですけど、やらないと辞めさせられるから、そこから厳しい本格的な練習が始まって。結局、試合ではガチでボッコボコにやられて、前歯を折られたんですけどね（笑）。

玉袋　俺はあの試合がめちゃくちゃ頭に残ってるんだよ。全女の格闘技戦で忘れらないのは、アジャvs下田とバット吉永vs鳥巣朱美だから。

下田　鳥巣はこの間、どっかの団体の佐賀大会にいたみたいですよ。

玉袋　鳥巣が現われたんだ！

下田　井上貴子選手に差し入れを持ってきていたみたいです。

玉袋　本当に!?　うわーっ！　鳥巣朱美とバットちゃんの鼻血だらけの試合が凄かったんだ。

ガンツ　巨体の鳥巣朱美が一方的にボコボコにされたんですけどね（笑）。

玉袋　あとアジャvsメデゥーサっていうのもあったな。

ガンツ　メデゥーサがアジャさんとやったのは、下田さんのあとでしたっけ？

下田　先ですね。

ガンツ　じゃあ、アジャvsメドゥーサの格闘技戦が盛り上がったから「次は下田がいけ！」と（笑）。

玉袋　ムチャぶりだよなぁ（笑）。

下田　私は新人の頃、「アイツ辞めちゃうんじゃないか」ってよく言われていたんですよ。全女は第1試合で負けると、次の日は試合が組まれずにレフェリーをやらなきゃいけないんです。そして次の日も負ける人がいるじゃないですか？　そうすると前の日に負けた人は今度は売店に行かなきゃいけなくて。私はいつも負けて売店まで行っていたんで、会社の親族みたいな人に「あれ、売店に新しいバイトを入れたの？」って言われるくらい、ずっと売店にいたんです。

ガンツ　「芸能人格付けチェック」みたいですね。どんどんランクが落とされて、最後は「リングに上げる価値なし」みたいな感じで、売店に行かされるという（笑）。

玉袋　残酷な団体だよ（笑）。そういう〝番付〟の底辺にいると、メインイベンターになるまでには「どこまで山道が続いてるんだ？」って思うよね。

下田　本当にそう思いました。私がメインイベントに出られる日なんてくるのかなって。ところが入門3年目に突然、千葉公園体育館でのテレビ撮りの日、長与千種さんが私と組んで、みなみさんと北斗さんの海狼組（マリンウルフ）との試合がメインで組まれたんです。もうボッコボコにやられて、長与さんの隣で泣いちゃって。リングに上がって泣いてちゃダメですよね。それで長与さんにも注意されて。

ガンツ　そんな下田さんの飛躍のきっかけとなったのが、北斗さんの下に付いて、三田さんと3人でラス・カチョーラス・オリエンタレスを結成したことですよね。

下田　北斗さんに直訴して下に付かせてもらったんですけど、最初は全然ダメでよくぶん殴られてました。

玉袋　『全日本女子プロレス中継』は試合後のコメントルームまで流していたけど、毎回、下田さんと三田えっちゃんが、気の毒なくらい怒られてたもんな〜。

下田　ラスカチョを結成してすぐに団体対抗戦時代になって、LLPWと私たちがやることになったんですけど。試合をすると向こうのほうが業界的には先輩でも、こっちは試合数も多いし身体も大きいから相手を引きずり回せちゃうんですよ。いい気になってそれをやっていたら、試合後に「心のプロレスをしろ！」って怒られて、殴られて（笑）。

ガンツ　当時「心のプロレスをしろ！」って言われても、何を怒られてるのか、何が心のプロレスなのかわからなかったんじゃないですか？

下田　わからなかった。私たちも本当に未熟でしたよね。LLPWとの対抗戦はやっとつかんだチャンスだから「目立ちたい、目立ちたい」だけで。身体の大きさが違って引きずり回せちゃうから「何が悪いの？」って、何もわかっていなかった。

ガンツ　対抗戦とはいえ、攻防がなく一方的にやってどうするんだってことですよね。これから抗争を盛り上げようというときに。

下田　調子に乗って潰しちゃっているから（笑）。

ガンツ　子分ふたりが潰しちゃったら、北斗さんの出番はないですもんね。本来は子分がやられて親分が出てくるところを。

下田　それを理解してからは、三田といつも「私たちは助さん格さんなんだよね」って言っていたんですけど、その頃は全然わかっていませんでしたね。

玉袋　逆に北斗さんは、LLPWとケンカしながらもしっかりと「盛り上げる」っていう頭があったということだな。

下田　そうやって自分で仕掛けて盛り上げていくことを女子でやった第一人者は北斗さんですよね。それまで、ああいうの見たことなかったですもん。先の先まで考えていて。

玉袋　それで横浜アリーナで神取忍とやって大爆発だもんな。

下田　女が血だらけの殴り合いをやって、伝説のデンジャラスクイーンになったんですよね。

「じつは新宿二丁目のママたちが私たちのことを推してくれていて、いろいろとアドバイスしてくれていたんです」（下田）

玉袋　あんだけすげえ試合を観せられたら、興行がテッペン（0時）回って新横浜からの終電がなくなっても文句ねえよ。逆に朝まで飲んで語りたかったからよかったぐらいでね。

下田　そうやって北斗さんがカリスマになる一方、私たちは逆にダメなふたりが目立って、どん底に落ちていくんですよ。後輩の京子、貴子、吉田万里子とかが脚光を浴びる中、「北斗の下のふたりはダメだよね」って言われて。

玉袋　そういうつらい立場だったんだな。

下田　当時の自分の写真を見ると、自信のない顔をしていますね。だから写真とかも好きじゃなくて。

ガンツ　でも、そうやって燻っていたラスカチョのふたりが、90年代末くらいにはいろんな団体を股にかけて大活躍するわけじゃないですか。化けるきっかけ、吹っ切れるきっかけはなんだったんですか？

下田　北斗さんが引退宣言をされて、ファイナルカウントダウンが始まったとき、私たちのことを「もういらない」って言ったんですよ。残りの数試合「私は私だけでやっていく」って。

ガンツ　ラスカチョを3人でやっているときは北斗さんの保護下だったけど、「おまえたちだけでやれ」と。

玉袋　親離れさせるための親心だったのかもしれないけどね。

下田　でも北斗さんに突き放されて、たぶん「あのふたり大丈夫なの？」って、ファンの方も会社も思ったと思うんですよ。そこでロッシー（小川＝現スターダム・エグゼクティブプロデューサー）が仕掛けたんです。「おまえら、（1994年3月27日の）横浜アリーナでJWPタッグに挑戦してみろ」って。

ガンツ　北斗の子分じゃなく、タッグチームとしての力を見せてみろと。

下田　もう北斗さんもいないので、「ここで負けたら元の落ちこぼれふたりに戻っちゃう」っていう立場で。そこで開き直ったんですね。ＪＷＰタッグ王者チームは尾崎真弓＆キュー

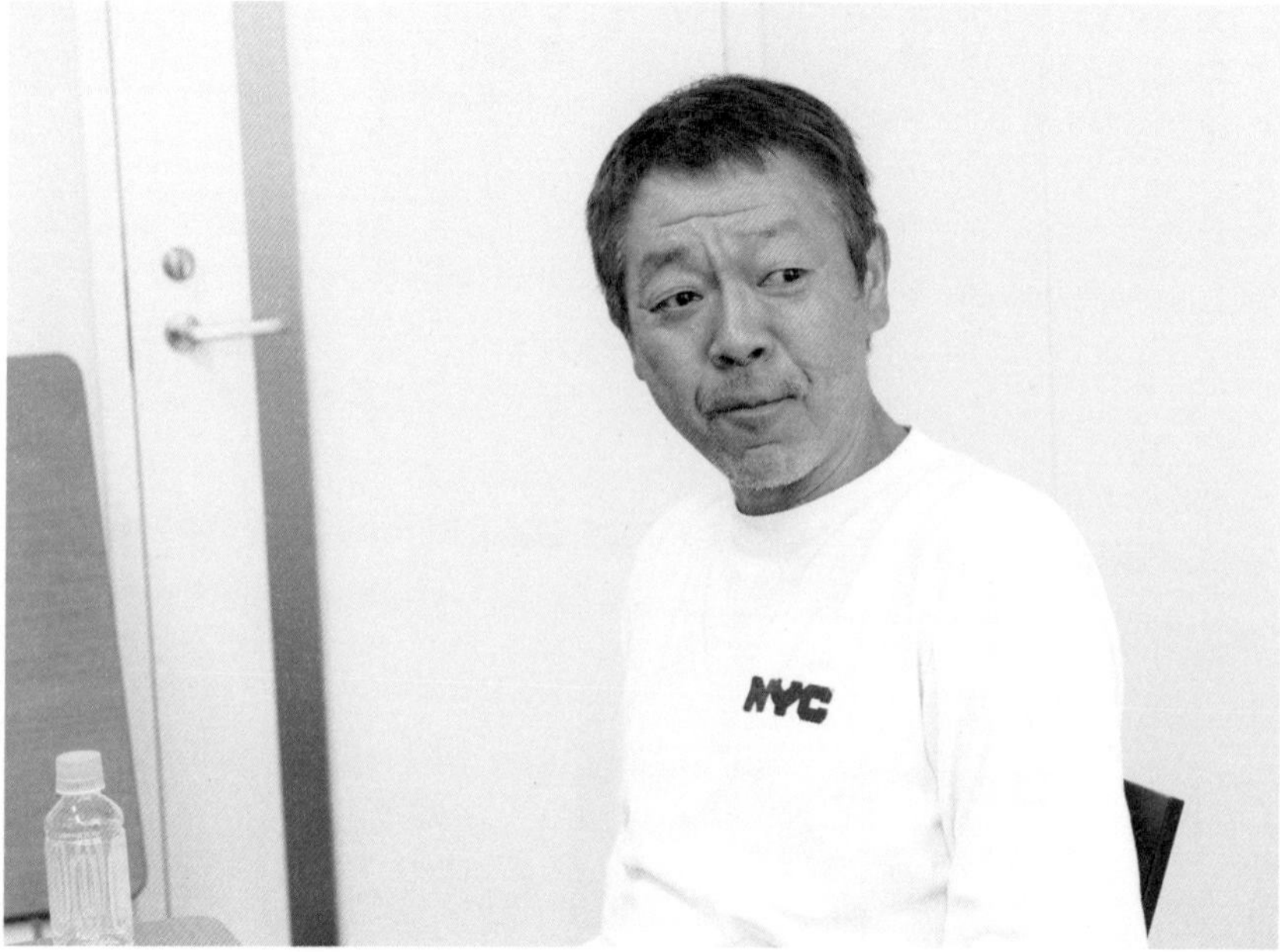

ティー鈴木で、キャリア的に私たちより1コ先輩なんですけど、ふたりは小さいじゃないですか？　これは「絶対に振り回せる」と思って、試合でガンガン振り回したんですね。
ガンツ　LLPWとやったときは、北斗さんの〝助さん格さん〟役だったけど、今度は自分たちが主役だから、振り回して自分たちの強さを見せつけるのが正解なわけですね。
下田　そうなんです。そして最後は三田英津子が初めてデスバレーボムを出して勝ったんですよ。いまデスバレーボムっていろんな方が使ってらっしゃいますけど、元祖は三田なんで。彼女はそういう偉大なる功績も残しているんです。
玉袋　それでJWPタッグを獲って、一皮剥けたわけか。
下田　そうですね。そこからUWA女子タッグとかも獲らせていただいて、いろんな団体でメインを張らせていただけるようにもなって。なかなかWWWA世界タッグは獲れなかったんですけど。
玉袋　全女のトップのベルトね。
ガンツ　でも最終的には獲りましたもんね。
下田　それで2000年に東スポの女子プロレス大賞を、私たちラスカチョと復活したクラッシュ・ギャルズ（クラッシュ2000）とどっちが獲るかみたいになったんですよ。当時、私は飛鳥さんたちとも一緒に飲んだりしていたんですけど、そのとき、私のケータイに東スポから電話がかかってきて。

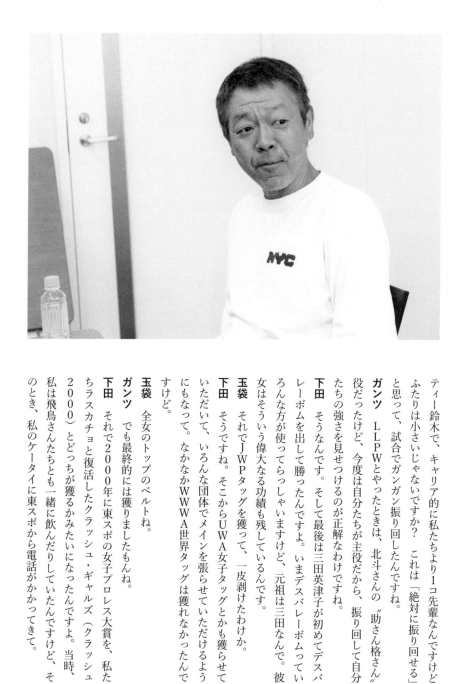

玉袋　「女子プロレス大賞、受賞しました」と。

下田　そうしたら、その電話の様子で飛鳥さんが気づいて、電話を切ったあとに「美馬、いまの東スポでしょ？　この時期にかかってくる仕事の電話だったら絶対にそうだもん」って言って。飛鳥さん、悔しがりましたね。でも悔しい中でも「おめでとう」って言ってくださって。

玉袋　女子プロレス史上最大のスターであるクラッシュ・ギャルズに、落ちこぼれだったラスカチョが勝って「女子プロレス大賞」を受賞するんだから、そりゃすげえよ。

下田　あの頃は充実していましたね。何をやっても楽しかったし、飲みすぎて二日酔いで試合したりもしていたんですけど、それでも怖いものは何もなくて。

玉袋　そこまで自信をつけて、イケイケになったわけか。

下田　私、よく新宿二丁目に飲みに行っていたんですけど、二丁目のママたちも私たちのことを推してくれて、いろいろとアドバイスしてくれていたんです。「マイクアピールのとき、『おまえら』じゃなくて『あんたたち』って言いなさい」とか「こういう場面ではこうやりなさい」って言ってくれて、それを実践したことで、いままでにないヒールになったんですよ。それは二丁目のママたちのおかげなんです。

ガンツ　たしかに、それまで女子プロのヒールは男言葉だったのが、ラスカチョは「嫌な女」だったり「高飛車な女」だったり、〝女〟が強調されていましたもんね。

玉袋　そうか。二丁目のママだって、言ってみればしゃべりのプロだからな。

下田　私たちが着ていたガウンも二丁目のママにケイタマルヤマ先生を紹介していただいて、作ってもらったものなんですよ。「あんた、ケイタは普通は作ってくれないんだよ」なんて言って。もう、二丁目のみんなで盛り上げてくれましたね。

玉袋　か～っ、これは凄いね。芸人もそうなんだけど、当たってるときって何をやっても楽しいんだよ。二日酔いだってへっちゃらだしさ。

下田　以前は負けたら落ち込んでいたんですけど、その頃は負けても「きのう勝ったっけ？　負けたっけ？」みたいな。負けたらまた噛みつけばいいし、勝てば向こうが追いかけてくるし、「飽きられないことがいちばんだよね」って、よく三田と言ってました。

ガンツ　まさにプロレスに開眼したというか、「プロレスとは何か」がわかって、どんどんおもしろくなっていったわけですね。

下田　だから、あの頃は本当に楽しかったんです。

玉袋　それまではわかんないよね。どうやって客を手のひらに乗っけて煽るとか。若手の頃はたぶん、視界が凄く狭い中でやっているから。

下田　おっしゃる通りで、若い頃はお客さんを沸かせるってことがわからなかったんですけど、「こういうことなんだな」ってわかったのがその時期ですね。

ガンツ　新人の頃は、お客さんをどう沸かせるかより、先輩にどう見られるか。先輩に怒られないようにすることを考えてたりしたんじゃないですか？

下田　本当におっしゃる通り、先輩に怒られないように試合していました。野外の会場でバスが控室だと、先輩がバスの窓から私たちの試合を観ているんですよ。そうすると「ああ、あそこで見ている。怒られる」って思ってしまって。

玉袋　上下関係が厳しすぎて、先輩の顔色をうかがうしかないんだもんな。そこから脱却するために、北斗さんが突き放してくれたのかもしれない。

下田　そうですね。三田とふたりだけでやるようになってから完全に、先輩の目を気にするんじゃなく、どうお客さんをつかむかっていう考えに変わりましたから。

ガンツ　そして2000年前後、ラスカチョは女子プロレス界ナンバーワンタッグチームとして君臨するわけですけど、下田さんの場合、そっからがまた波瀾万丈ですよね。

下田　そうなんです。三田とはずっと一緒にやってきたのに、私は一方的にタッグを解消して、ロッシー（小川）が立ち上げに関わったＡ　ｔｏ　Ｚっていう新しい団体で引退試合をやってフロント入りしたんですよ。そうしたら団体が経営不振で選手がどんどん辞めていって、私は現役復帰したんですけど、経費削減で私自身も切られることになったんです。

「オカダさんがメキシコにいらっしゃったとき、『下田さん、日本に帰ろう』って言ってくださったんです」（下田）

玉袋　うわ〜、会社に振り回されたわけだ。

下田　ロッシーに「もう辞めたほうがいい。クビになる」って言われて、「私、なんかやった？」って聞いたら、いまＷＷＥにいるＡＳＵＫＡ選手が華名という名前で所属していたんですけど、その華名がオーナーに「経費削減するから、誰を辞めさせればいい？」って聞かれたときに「下田さんを辞めさせてほしい」って言ったらしくて（笑）。

玉袋　えーっ！（笑）。

下田　私が厳しいことを言うから、華名は私のことが嫌いだったんですよね。それで行き場がなくなって、京子から「ＮＥＯに出てもらえませんか？」って言ってもらえたんだけど、そこには私が裏切った三田も所属していて。私が「エツ次第だと思っている」って言ったら、三田と数年ぶりに会って話したとき、「私の前から消えて」って言われて（笑）。

玉袋　うわ〜！　コンビってそういうことがあるんだよな〜。

ガンツ　玉さんも経験ありそうですね（笑）。
玉袋　あったかもしんねえなあ（笑）。
下田　ふたりでずっと一緒にやってきたのに私が一方的に解散したから、彼女も「こんな仕打ちはない」と思っていたと思うので。当時、私は六本木で水商売もしていたので、もうプロレスから離れてここで働いていくしかないんだろうなと思っていたんですよ。そうしたらある日、仕事帰りにコンビニで『週刊ゴング』を買って読んでいたら、私を慕ってくれていたレヴン寛香がＨＩＲＯＫＡっていう名前で、メキシコに住んで試合している記事が載っていたんですよ。それで翌朝、酔いが覚めたら「ＨＩＲＯＫＡに会いにメキシコに行きたい」っていう思いが頭に浮かんで、すぐロッシーに電話して「私、メキシコに行きたいんだけど。こんなことになっちゃったんだから責任とってよ」って言ったんですよ。
ガンツ　メキシコにルートがある人ですからね。
下田　ロッシーは最初、「下田の行き先は作ってやれない。ごめん」って感じだったんですけど、ある日「浅井（嘉浩＝ウルティモ・ドラゴン）が『ドラゴマニア』という大会をアレナ・メヒコで開くから、行けるならすぐ連絡してほしい」って言われたんですよ。「でも店を休むとも言ってないし、ちょっと待って」って言ったら「待てない」って言われて。「じゃあ、店にはあとで連絡するから『行きます』って返事しておいてください」って言ってメキシコとつながったんですよ。
玉袋　でも大変だよ、残された店のほうは。「穴が空いちゃったよ」って。
下田　そのとき、六本木のわりと高級なクラブで働いていたんですけど、私は指名も取れていなかったんで大丈夫でした（笑）。
ガンツ　メキシコ行きはそういうきっかけだったんですか。向こうには長くいたんですよね？
下田　住んでいたのは5年半で、日本と行ったり来たりしていた時期も含めてもう16年になりますね。
玉袋　メキシコにそんだけ長くいるって、すげえな。
下田　私、目黒とか武蔵小山界隈から離れたことがなかったのに、初めて違う土地に住んだのがメキシコだったんです。
ガンツ　どうして、ずっとメキシコにいようと思ったんですか？
下田　２００６年に最初に『ドラゴマニア』に出たあと、浅井さんのコネで1カ月半くらいＣＭＬＬに出させてもらっていたんですよ。その後、浅井さんからピースボートに誘われたんです。
玉袋　ええっ！　あの居酒屋のトイレに貼ってある「99万円で世界一周」みたいなポスターで有名な？
下田　そうです。そんな金額じゃ乗れないんですけどね（笑）。浅井さんに「ピースボートの中南米区間を俺が受け持って水先案内人をやるから、美馬ちゃんも手伝わない？」って言われて。

ガンツ　ウルティモ・ドラゴンはそういう仕事もしているんですか。さすがやり手ですね（笑）。

下田　それで、いまノアにいる大原はじめ選手と一緒に10日間ピースボードに乗って「じゃあ、日本に帰ります」ってなったとき、「美馬ちゃん、こっちに来ちゃいなよ」って浅井さんに言われて。私もメキシコが気に入っていたんですけど「でも不安です」って言ったら、「闘龍門に住んでいいから。そのかわり俺の営業の手伝いとかもしてね」って言われて、一度日本に帰って正式にお店を辞めてからまたメキシコに戻って。

玉袋　向こうではプロレスだけで食べていけたんですか？

下田　プロレスと浅井さんの仕事のお手伝いですね。浅井さんとお付き合いのある方やスポンサーさんって、メキシコに支社がある日系一流企業の方々なんですよ。浅井さんは私が六本木のクラブで働いてたことも知っていて、「おもしろい」と思ったんじゃないかな。

玉袋　スポンサー相手に座持ちがいいぞと（笑）。

下田　ルチャのほうも、ちょうどミスティコの人気が爆発しているときで、東洋人はヒールとして重宝されるから、私とHIROKAは月に20試合ぐらいさせてもらえていたんです。

玉袋　それで向こうでも長いこと暮らしていけたわけか。

ガンツ　いまの新日本の主要選手の多くは、メキシコ修行をしたことがある選手だから、向こうでは下田さんが〝姉さん〟だったわけですよね。

下田　異国だと日本人同士助け合いですからね。それで新日本さんが日本でルチャのシリーズ『FANTASTICA MANIA』をやるときは、私もお手伝いさせてもらうようになって。

玉袋　それがいまにつながっているわけか。

下田　私が日本に戻ってくるきっかけもオカダ選手なんですよ。2018年秋にオカダ選手が『アナザースカイ』（日本テレビ）のロケでメキシコにいらっしゃって、帰りに私が空港までお見送りに行ったときに「下田さん、帰ろう」って言われたんです。そのとき私は「大丈夫、大丈夫。こっからタクシーで帰れるから」って言ったら、「いや、違いますよ。下田さん、日本に帰ろう」って言ってくださって。

「今日の話はすげえ。桜樹ルイちゃんとの交流も含めて、あの頃の女子プロレスラーの生き様をNetflixでドラマ化しないとダメ！」（玉袋）

ガンツ　「下田さん、メキシコ生活はもういいじゃないか」と。

下田　当時、私は年齢も年齢だし、メジャー団体のCMLLにはもう上がれなくなっていたんですよ。かといって、インディーでやっていてもお金にはならないし、向こうの浅井さんの知り合いの方が店をやるから「そこでママをやらない？」って言われて、私も「それでいいのかな」と思っていたときだったんです。

玉袋　もうプロレスを辞めて、メキシコで水商売をやろうと。

下田　でもオカダ選手からのお声がけがあって、翌2019年の『FANTASTICA MANIA』でメキシコから撤退を決めて、1月に日本に戻ってきたら5月に父が他界したんです。その頃コロナが始まったばかりで入国できなくなっていたから、そこで日本に戻っていなかったら父の死に目にも会えなかったんですよ。

玉袋　それは運命だね。オカダ選手が導いてくれたっていうかね。

下田　本当にオカダ選手の言葉があって、いまがあります。

玉袋　オカダ・カズチカってのはいい男だね。下田さんはそっから新日本のスタッフになるわけか。

下田　最初は『FANTASTICA MANIA』だけだったんですけど、スタッフの方に「G1を観に行きたいんです」って言ったら、「下田さん、会場に来るならバックステージはいっぱいやることありますよ」って言われて、そこから通常のシリーズでも全戦帯同させていただくことになり、いまに至りますね。

玉袋　いやあ、これは一代記だね。波瀾万丈、ドラマがありすぎるよ。

下田　私はいろんな方の助けがあっていまがあるなって、凄く思うんですよ。この会社にも凄く助けられたので、何で恩返ししたらいいかと考えたとき、真面目に生きて返していくしかないなって。父が他界する前、私が『FANTASTICA MANIA』だけ手伝っていた頃、父は「ウチの娘はメキシコに住みながら新日本プロレスを手伝っていて、スペイン語もしゃべれるんだ」って入院先の看護師さんたちに自慢してたらしいんですよ。いま自慢できる会社に娘がいるっていうことで、ちょっと親孝行できたのかなって。

玉袋　いや、できてますよ。最高ですよ。

下田　それが古巣の全日本女子プロレスじゃなくて、新日本プロレスなんですけどね（笑）。

ガンツ　下田さんは全女が倒産するけっこう前に退団しているので、それもタイミングがよかったですよね。

下田　退団してから、ラスカチョとしていろんな団体に上がれましたからね。

玉袋　じゃあ、給料未払いの被害はそこまで受けていないわけか。

下田　フリーになってからは、全女からオファーが来てギャラの話になると「これ以上、下げないって言ってんじゃん」「そんな条件じゃタイトルマッチはやらないよ」とか、生意気に言っていましたからね（笑）。

玉袋　若手の頃と立場が逆転してるよ（笑）。

下田　そうやって私たちが強気でギャラ交渉している頃、全女に残っている選手たちには給料が出てないんですよ。だから私たちが全女に出ると「またアイツら金をふんだくりに来て」って思われて（笑）。

玉袋　そこでまた全女残留組との確執が生まれるわけか。

下田　でも言っちゃいました。「あんたたち、給料なくてもいいから居座ってんでしょ？」って。

玉袋　ワハハハハ！　嫌なヤツだね～（笑）。

下田　「こっちは『出てくれ』って言うから出てるんだよ」って。

ガンツ　全女に最後まで残った豊田さんは「一文なしになった」って言ってましたよ。

下田　でしょ？

ガンツ　最後、松永会長に「カネ貸してくれ。おまえが貸してくれたら会社が生き延びる」って言われて、なけなしの貯金を貸したら「3日後に潰れた」って（笑）。

玉袋　ひでえ話だよ（笑）。

下田　その件に関しては、こういうこともあったんですよ。桜樹ルイちゃんと私たちが凄く仲がよくて、しょっちゅう飲んでいたのを全女の人も知っていたんですよ。そうしたら松永兄弟が堀田さんに「桜樹ルイから金を借りてくれ」って言ったみたいで。

玉袋　うわ～！　AVクイーンならカネを持っているだろうと。

下田　堀田さんが「そんなこと言えない」って断ったら、松永会長が直接「ちょっと話がしたい」って連絡して。そこで頼み込まれてルイちゃんは「いいですよ」ってお金を貸しちゃったらしいんです。しかも、だいたい状況もわかっているから「返さなくてもいいですから、全日本女子プロレスを再建してください」ってお金を貸して、それでも潰れちゃったんです。本当に「ごめんなさい」ですよね。

玉袋　かぁー！　こんな切ない「桜、散る」があるかね。

下田　ルイちゃんはプロレスが好きで、凄く応援してくれていたんですよ。それなのに会社は私たちの友情につけこんで。ルイちゃんは「返さなくていいから全女を続けてほしい」って大金を貸したのに。

玉袋　悲しい話だけど、彼女もカッケーな。最高だよ。

ガンツ　あの時代、業界をひとりで引っ張っていた人ですからね。

下田　なんか私たちが闘っている姿を観て、思うところがあったんじゃないですか。職業は違うけど、気持ちがわかるというか。

玉袋　そうだと思うよ。

下田　ルイちゃんは「私は友達を作ったことがないけど、女子プロレスのコたちとお酒を飲むと、こんなにも楽しいんだ」って言ってて。いつもルイちゃんのほうから「飲もうよ、飲もうよ」って連絡が来たんですよ。地方公演に行っちゃうと「さびしいよ」って言ってて、東京に帰ってくるとみんなでダンプさんの家に集まって宴会をするんです。それでそのままみんな泊まっちゃって、翌朝起きたあと、積み重ねられたビールの缶を見て「きのうはこんなに飲んだんだ」とか言って（笑）。ルイちゃんもきっとさびしかったんでしょうね。

玉袋　なんとなくそれはわかる。わかるな〜、わかる。それにしても今日の話はすげえ。桜樹ルイちゃんとの交流も含めて、あの頃の女子プロレスラーの生き様はＮｅｔｆｌｉｘでドラマ化しないとダメだよ。

ガンツ　本当に『全裸監督』を超えますよね。

玉袋　松永兄弟を始め、一癖も二癖もある登場人物ばっかりなんだから。ミゼットレスラーとの交流なんかもあるしさ。かつての女子プロレス名作ドラマ『輝きたいの』とはまた違う、新たな『輝きたいの』ができるよ。下田さん、今日は最高の話、ありがとうございました！

下田　こちらこそ、ありがとうございました。

第134回

映画を観るのもしんどくて、あらためてスポーツ観戦がよいと思う春

椎名基樹

椎名基樹（しいな・もとき）1968年4月11日生まれ。放送作家。コラムニスト。

WBCの準決勝、決勝は、ひさしぶりの野球体験だった。ゲーム開始から終了まで、野球観戦したのは何年ぶりだろうか。野球を観て興奮したのは、いつ以来だろうか。松井秀喜がワールドシリーズでMVPを獲ったシーズンが2009年なので、野球の試合に没入したのは、たぶんそれ以来、12か13年ぶりのように思う。

10年以上ぶりと言うわけではないけれど、MMAの試合を観たのもひさしぶりである。ONEチャンピオンシップの、女子アトム級の試合、平田樹vsハム・ソヒをABEMAで観戦した。

今シーズンより、ABEMAでは月額960円のプレミアム会員になれば、イングランドサッカー、プレミアリーグの三笘薫（大好き！）が所属するブライトンとアーセナルの試合が観戦できるため、私も有料会員になっていたので、ONEの試合も観ることができた。

こんな風に書くとONEがついでみたいであるが、プレミアリーグが加わったことで、いよいよ私好みのラインナップが充実してきて、ABEMAが、外せないサブスクになったことは間違いない。

気がつくと、私が入会している映像エンタメのサブスクは、NetflixとAmazonプライム、そしてABEMAの3つで、月額、合計約2500円なのである。衝撃的な安さだ。

過去には、CSのパックと、サッカーのプレミアリーグとチャンピオンズリーグを見られるようにすると、2万円近くいっていたのではないだろうか。いい時代だー！

月額2500円と書いたが、本当はいまはWOWOWも加入している。アーセナルのヨーロッパリーグのノックアウトラウンドを観たくて3月より加入した。アーセナルは優勝すると思ったので、5月までは入会することになると思っていたのだが、ノックアウトラウンド最初の闘いで敗れ、消えてしまったので、脱会する予定だった。しかし、4月29日のジャーボンテイ・デービスvsライアン・ガルシアのボクシング、ライト級12回戦を見つけとどまった。なんてヒリヒリするカードなのだ！ この試合が、今年いちばんなのは間違いない！ 頂上に登りきる一歩手前の潰し合い。サバイバルマッチである。

話を平田樹vsハム・ソヒに戻そう。私は過去にも平田樹をこのコラムで取り上げたけれど、じつはそれほど彼女のことを知らない。試合も前回の試合を1試合観ただけだ。それでも平田樹の試合を観たくなるのは、ズバリ言って彼女の可愛さに惹かれているからである。

全身から発する明るいバイブスが可愛い。バキバキに鍛えられた筋肉にタトゥーが可愛い（タトゥーは、大きすぎると可愛くないので、これぐらいにしてほしい）。ドラゴンボールの人造人間18号とあだ名される切れ長の目が可愛い。

　また、今回の試合は、平田樹だけではなく、対戦相手のハム・ソヒ姉さんも大変魅力的である。やんちゃなイメージの平田樹とは対極の、思わず頼りたくなる、姉さんぶりがいい。MMA女子の賢人だ。

　SNSで平田樹の計量の模様の動画が流れてきた。計量をパスしてガッツポーズを取る、平田樹。その模様を会場脇の廊下から密かに見つめるパク・ソヒ姉さん。分厚いレンズのメガネをしてまるで別人だ。知的な印象がまた彼女らしくてよい。そして廊下に出てきた平田樹を「ありがとう」と言って抱きしめた。試合前のコメントでは、自分の試合で、過去に体重を作れなかった、平田樹に対して非常に辛辣なコメントをしていたが、実際対戦前はこんな感じなのね。

　試合のほうは、打撃で勝るハム・ソヒが終始圧倒して、知的なイメージそのままに、理詰めの攻めで、平田樹を完封した。ただ平田樹も勇気を持って前に出て、総合力で勝る相手に、やれることはすべてやったように見えた。「粘り強く闘って、チャンスはかならず1回来るから、それを生かそう」そんな闘い方だった。

　平田樹には、完璧プロフェッショナルなパク・ソヒ姉さんに完封されたことを糧にして、大きく成長してほしいと思った。彼女は、これまで計量を3度失敗している。この先、プロとしての精神がつくりあげられなければ、このまま消えていくしかないと思う。この試合はプロ格闘家として大きく変われるチャンスのようにも思える。

　茅ヶ崎体育館でフリーダムズの興行を観戦した。こちらは、去年の11月に続いて、約4カ月ぶりの、同じ茅ヶ崎体育館でのプロレス観戦である。行ってみて気づいたのだが、この興行は、団体社長の佐々木貴の茅ヶ崎在住30周年記念大会であるそうな。

　試合後の彼のマイクによると、彼は茅ヶ崎にある文教大学に入学したことをきっかけに、この街の住人になったという。岩手県から大学入学のために上京して、この片田舎の茅ヶ崎に住んで、このまま30年も居続けるなんて、なんて変なヤツなんだ！

　しかも、茅ヶ崎と言えば、海のイメージが強いと思うけれど、文教大学があるあたりは、里山と言っていいほどののどかな場所である。ほんとに田舎だよ。

　そして、前回私はこのコラムで「佐々木貴の師匠は、茅ヶ崎出身の鶴見五郎である。まさかそれで茅ヶ崎にプロレス団体を興したわけではないだろうけど…」と書いたのだが、鶴見五郎が茅ヶ崎でレスリング道場をやっていて、そこに入門をして、佐々木貴はプロレスラーとなり、その縁のまま自分の団体「フリーダムズ」を、茅ヶ崎で始めたということらしい。

　頑固と言おうか実直と言おうか、マイペースぶりが強固すぎて、真面目なのになんだか、非常にユニークである。破天荒でクセの強い、プロレス団体のトップが多い中で、逆に個性が際立っている。しかしこの一途さと義理堅さが、このご時世に10年以上もプロレス団体を維持する原動力になっているように思えた。

GINZA

SECOND

パラエストラネットワーク千葉代表

鶴屋浩

「UFC王者になるのは決して不可能なことじゃないんですよ。平良達郎はボクにとっては孫弟子で、その達郎がウチの息子（鶴屋怜）とやるならベルトを賭けてやりたいですよね。それができたらボクはもう終わってもいいです。引退します（笑）」

収録日：2023年4月4日
撮影：タイコウクニヨシ　試合写真：©RIZIN FF
聞き手：堀江ガンツ

プロレス少年だった男は日本MMAシーンの生き証人となり、やがて最強チームの名伯楽へと変貌を遂げた。その一部始終!!

"REAL"
FIGHT.

「ディック・スレーターとかリッキー・スティムボート、ミル・マスカラスとかがめちゃくちゃ好きでした」

――今日は、いまや日本最強MMAチームのひとつであるパラエストラ千葉ネットワークの総帥・鶴屋浩とは何者か？という感じでお話をうかがわせていただけたらと思います。

鶴屋　ありがとうございます。

――いまでこそ総合格闘技のジムってあちこちにたくさんありますけど、鶴屋さんがジムを始めたのはめちゃくちゃ早かったですよね。

鶴屋　そうですね。1999年10月なので、その頃はまだジムを出している人は少なかったんで。

――当時は有名選手が自分の練習場所も兼ねてジムをオープンして、その選手の人気で会員を集めているようなところが多かったですよね。

鶴屋　総合格闘技はそうですね。ただ、パラエストラの初期とかはボクとか、まだチャンピオンになっていない有名じゃない選手がジムを作ることが多かったので、その先駆けだったと思います。

――あの時代に総合格闘技のジムを出そうと思ったきっかけはなんだったんですか？

鶴屋　ボクは消防の仕事を7年間やっていたんですけど、それを辞めて格闘技に専念したいと思ったんですよ。そのとき、仕事を作らなきゃいけないと思って、ちょうど自分が住んでいる千葉県にまだジムがなかったので、ここでやろうと思って（千葉県）松戸に作りましたね。

――消防士をやりながら格闘技もやっていたんですね。和製ドン・フライ的な（笑）。

鶴屋　大学を出て消防士をやっていた頃、格闘技をやりたくても千葉にジムがないから、レスリングチームに入ったり、キックを自分でやったり、あとはPUREBRED大宮まで行ったりしていたんです。

――千葉県で消防士をやりながら、埼玉県の大宮まで練習に行くのって大変ですね。

鶴屋　だからもう自分でジムを作るしかないなと。その前に松戸市にボディビルジムがあって、そこの上の階で「総合格闘技を教えてくれないか？」って頼まれたんです。それでボディビルジム内に総合格闘技クラスを作って週2回くらい教えていて、そこに最初に来たのが松根良太だったんです。

――元・修斗世界フェザー級王者で、現Theパラエストラ沖縄代表の松根さんは、週2回の総合格闘技クラス時代からの教え子なんですか。

鶴屋　まだ松根が16歳くらいのときですよ。そこで教えていたらけっこう人が集まってきたので、「これはいけるな」と思って自分でジムを出したいと思ったんですね。でも、そのときボクは中井（祐樹）さんしか格闘技界に知り合いがいなかったんで相談しに行って。そうしたら「パラエストラっていうのもありだよ」って言っていただいたんで、松根と相談してパラエストラ松戸を作ったんです。

——だから鶴屋さんはもともと選手としてパラエストラ所属じゃなかったのに、パラエストラのジムを出したんですね。では、ここからそもそものお話も聞いていきたいんですが、鶴屋さんがこの世界に入るきっかけはなんだったんですか？

鶴屋　幼稚園ぐらいのときから取っ組み合いが強かったんですよ。それもあって子どもの頃から力には自信があって。不良ではなかったんですけど、1対1で闘ったら負ける気がしなかった。あと格闘技が好きでプロレスも観ていたんで。

——鶴屋さんは1970年生まれということで、世代的には初代タイガーマスク直撃世代ですよね。

鶴屋　そうなんですけど、ボクはタイガーマスクよりもちょっと前の時代からプロレスを観ていたんですよ。父親に「プロレスを観に行きたい！」って言ったのが小学校4年生くらいで、近くの松戸運動公園体育館に全日本プロレスを観に行った思い出があります。

——全日本が最初なんですね。誰のファンだったんですか？

鶴屋　ええっと、ディック・スレーターとか（笑）。

——ディック・スレーター！　テリー・ファンクじゃなくて〝右利きテリー〟のほう（笑）。

鶴屋　あとはリッキー・スティムボートやミル・マスカラスとか。

——まさにタイガーマスク登場前、70年代末から80年ぐらいのスターですね。

鶴屋　そういうのをめちゃくちゃ好きで観ていましたね。

——じゃあ、もともとは熱心なプロレスファンだったんですね。

鶴屋　はい。プロレスは小学生、中学生、高校生くらいまで相当なマニアでしたね。松戸で年3回くらいプロレスがあったのでそれを全部観に行って、あとは船橋や鎌ヶ谷にも来ていたので自転車に乗って観に行ってました。

「新日やUWFは厳しそうだからとか、そんな甘い考えで大学生の頃に全日に仮入門して練習に参加したんです」

——初代シューターだったり、初期修斗の選手ってみんなもともとはタイガーマスクファンだったりするじゃないですか。でも鶴屋さんはそうじゃなくて全日本プロレスのほうだったという（笑）。

鶴屋　松戸運動公園体育館には、全日がけっこう来ていたんですよ。

――おそらく全日本プロレスのプロモーターのシマだったんでしょうね（笑）。

鶴屋　だからタイガーマスクも観ていましたけど、どちらかと言えば大仁田厚とチャボ・ゲレロとか（笑）。

――タイガーvsキッドより、大仁田vsチャボ！　大仁田派のシューターって初めて聞きましたよ（笑）。「将来はプロレスラーになりたい」と思っていた時期もあったんですか？

鶴屋　もちろんありました。まあ、子どもなんで考えが甘いんですけど、「絶対にプロレスラーになりたい」と思って、プロレスの本を読んで身長が何センチあればプロレスラーになれるかを調べたりとか。あと、それこそ上野毛の新日道場まで行って、外を歩いていた小杉俊二選手と自分の身長をさりげなく比べてみて、「これぐらいでなれるのか」とか確認したり（笑）。

――プロレスラーの実寸を調査しに行きましたか（笑）。

鶴屋　あの頃、新日道場は髙田（延彦）さんや新倉（史祐）さんがいて、ちょうど山田（恵一）さんが入ったばかりの頃でしたね。

――プロレスラーになるために、学生時代から何か格闘技をやられてたりもしたんですか？

鶴屋　プロレスラーになるためだけじゃないんですけど、格闘技も好きだったので、近所に自分の家で無料で空手を教えてくれる先生がいたので、小学生のときに親にも言わずに勝手にそこに入って空手をやったりとか。中学は柔道部に入って、高校はレスリング部がある学校を調べて松戸南高校に入ったんですけど、あまり厳しくない部だったんで、レスリングの練習もやるんですけどプロレスごっこもやるという感じで（笑）。

——レスリング部は大半がプロレスファンっていうのは、昭和あるあるですね（笑）。

鶴屋　その頃、千葉では八千代松陰高校が強くて、そこには同級生で藤田和之がいたんですよ。それでボクらはいつも決勝で負けていたので大学もそんなに強いところには行けず、国際武道大学に入ってレスリングは続けていたんです。いま思えば強い高校、強い大学に行きたかったなっていう思いもあるんですけど、トップの大学ではなかったからこそ、すぐに次の夢に行けたこともたしかなんですよ。

——自衛隊や実業団に入ってさらにレスリングを続けるというのではなく、総合格闘技に転向しやすかったと。

鶴屋　ボクは全日本選手権とかに出られるような選手じゃなかったし、その頃はすでにＵＷＦもあったのでそっち系も観ていたから凄く興味もあったし。きっぱりと「次に行こう」

という感じで格闘技に行きましたね。

――では結局、プロレス団体の入門テストを受けたりしたことはなかったんですか？

鶴屋　じつは大学生の頃に一度あるんですよ。当時は新日、全日、ＵＷＦくらいしかなかったんですけど、ボクはなぜか全日を受けたんです（笑）。

――原点回帰で（笑）。

鶴屋　いや、その頃だと新日やＵＷＦは厳しそうだからとか、そんな甘い考えで全日を受けて（笑）。

――そういう理由でしたか（笑）。

鶴屋　全日は入門テストというよりも、仮入門みたいな形で練習に参加させてもらって、そのまま続けられたら正式入門みたいな形だったんです。だから「合宿所に来い」って言われて行って。そこには当時の若手、新弟子として折原（昌夫）さん、菊地（毅）さん、小橋（建太）さんなんかがいて。道場ではスパーリングもやらされたんですけど、当時ボクはレスリング以外に格闘技の練習もすでにしていて寝技には自信があったので、ある人からタップを取れちゃったんです。そうしたら「テメー、この野郎！」みたいに怒らせちゃってね（苦笑）。

――やられっぱなしでもダメだけど、勝ったら勝ったで問題があるという（笑）。

鶴屋　でも小橋さんとやらせてもらったときは、あの怪力でアキレス腱固めを取られたときに足をバキバキとやられまして（笑）。「このままやってたら身体が壊れちゃうな……」と思って、それで辞めようと思ったんですね。

――もう、すぐに辞めてしまったわけですか。

鶴屋　ボクの記憶の中では、たしかそのとき道場には三沢（光晴）さんがいて、大熊（元司）さんもいたのかな？　それでボクが足をやられたあと、「もうキミは明日来ないね」って言われたんですけど、次の日もたしか行ったのかな。そこで続けていたら入門できたみたいなんですけど、ボクは結局、3日くらいで「もうダメだ」と思って辞めてるんで、情けないほうなんですよ（笑）。そっからはもう、格闘技のほうに完全にシフトチェンジして。


「佐藤ルミナ選手は同じ階級だったので凄くジェラシーを抱きましたね。あの頃の選手はみんな彼をやっつけたいと思っていたはず」

――大学時代からレスリングだけじゃなく、すでに格闘技もやられていたんですね。
鶴屋　やっていると言っても、ちゃんとしたジムがないから仲間内でやっていただけなんですけどね。その頃、ＭＭＡみたいなことをやりたかったらサンボしかなかったので。ボクは佐山（サトル）さんがサンボの大会に出るというので観に行ったこともあるんですよ。結局、試合には出なかったんですけど。

――それ、本当にシューティングの初期の初期、１９８６年くらいの大会ですよね。『格闘技通信』が創刊される前くらいで。

鶴屋　ボクは格通創刊号も買っていますね（笑）。それで三軒茶屋のスーパータイガージムにも3回くらい行って、正式に入会しようと思ったんですけど、ボクがまだ中学3年くらいだったので、さすがに遠くて通えないなと思ってあきらめました。

――でも中学時代からすでにプロレスだけじゃなく、格闘技も志してたんですね。

鶴屋　だから修斗も後楽園に全然お客さんがいないときから観ていますよ。八角形のリングでやったときの後楽園にも行ってますし。

――スーパーフェイスを装着して闘っていた時代ですね。黎明期も黎明期。

鶴屋　そして大学時代は、そんなに厳しい大学じゃなかったから、初期のアマチュア修斗とか、コンバットレスリングとか、ほかの大会にも出られたんですよ。だから結果的にイマイチ強くない大学でよかったのかもしれない。当時、キックボクシングの治政館にも入って、大宮がまだPUREBREDじゃなくてスーパータイガージム大宮としてチケット制でやっているときに何度か行ったりとか。その後、エンセン（井上）さんの柔術クラスが始まるっていう頃で、それに出たこともありますね。

――柔術を始めたのもかなり早いんですね。

鶴屋　だから大宮スケートセンターでやった初期の修斗とか、中井さんがマチャド柔術のジアン・マチャドと柔術の試合をやったのとか観てますよ。

――その頃は消防士をやりながら、アマチュアで格闘技をやっていたわけですか。

鶴屋　はい。休みがけっこうあるので、休日は好きなだけ格闘技をやるっていう感じで。

――普段は消防士、非番の日は総合格闘家という感じで（笑）。

鶴屋　珍しいタイプだと思いますよ。どこにも属さないでアマチュア格闘技からプロに転向したっていうのは。アマ修斗時代に「桜井〝マッハ〟速人が強い」って雑誌で取りあげられていて、ボクは「いや、絶対に勝てるよ」と思って準決勝で闘って判定負けしたことがあるんですけど。そのとき、決勝はマッハが宇野薫に一本勝ちして優勝して、その後マッハがプロデビューするとき、最初はボクに話が来てオッケーしたんですよ。でも、そのあと消防の仕事が入って出られなく

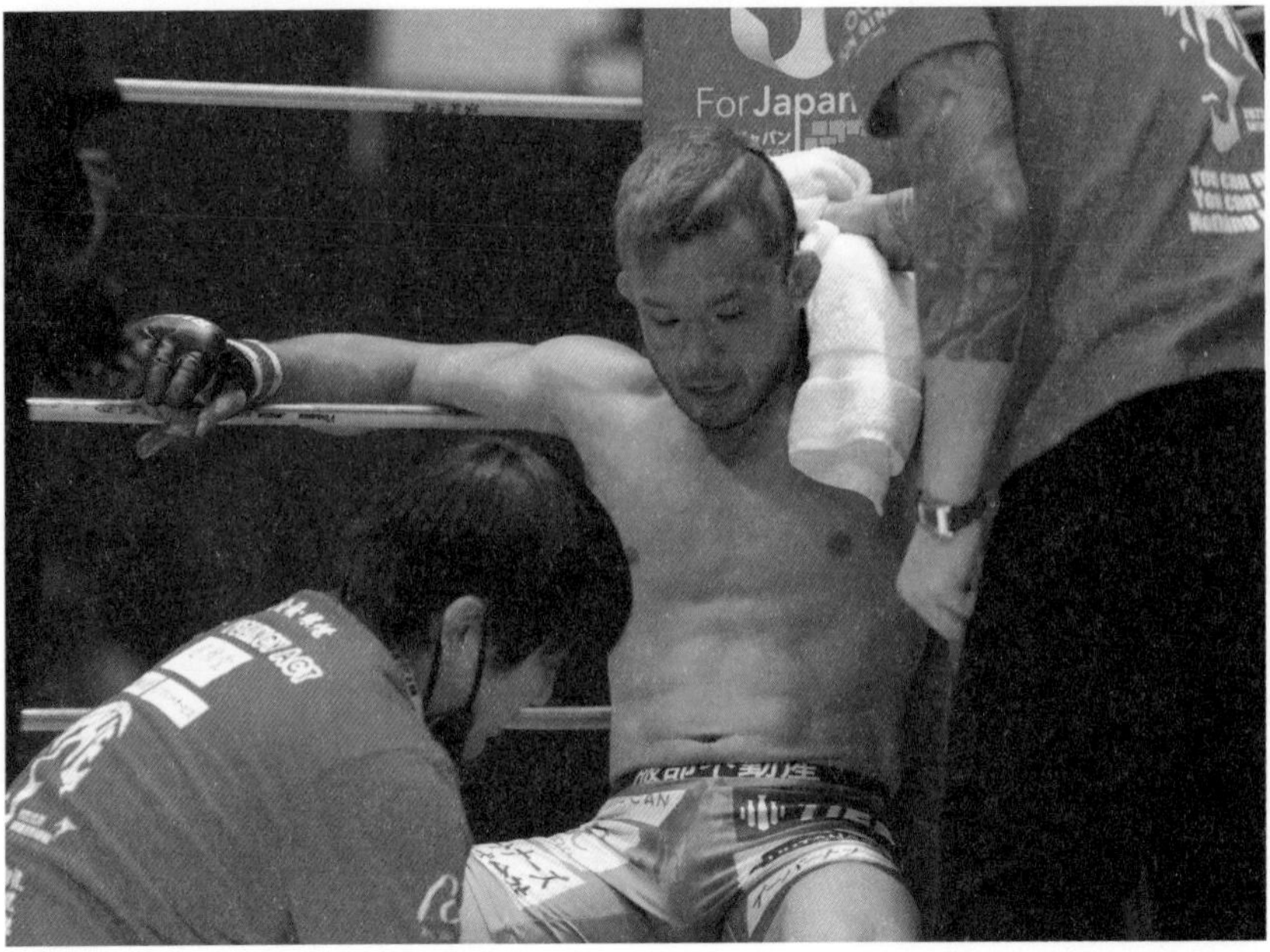

なっちゃって、宇野薫になったんです。

――マッハvs宇野薫はプロデビュー戦同士の試合でしたけど、プロキャリアとしてはそこと同期なんですね。

鶴屋　あの頃、修斗がめちゃくちゃおもしろかったんですよ。ちょうど佐藤ルミナ選手が出てきたときで。

――修斗がバーリ・トゥードにいちばん対応した、時代の最先端でしたよね。

鶴屋　あの頃、佐藤ルミナ選手の勢いが凄くて、九平選手との試合も凄かったし。あと後楽園でブラジル人の黒帯の選手とやって、負けると思われていたのをヒールホールドで極めちゃったじゃないですか。

――まだ「黒帯柔術家に勝つなんて不可能」と思われていた時代にヒカルド・ボテーリョに勝ったんですよね。

鶴屋　あそこで修斗の人気が爆発したんですよ。ああいう姿を観て、ボクも同じ階級だったので凄くジェラシーを抱きましたね。あの頃、70キロくらいの選手はみんな佐藤ルミナをやっつけたいと思っていたはずですよ。

――時代の牽引者でしたよね。そしてすぐに修斗四天王（佐藤ルミナ、桜井〝マッハ〟速人、エンセン井上、朝日昇）時代になって。

鶴屋　その頃、ボクはデビュー戦を村濱（天晴）選手とやって、その次が五味隆典選手ですからね。

――五味選手のデビュー戦の相手が鶴屋さんなんですよね。

鶴屋　だいぶ歳下なんで、全然いけるだろうと思ったらナチュラルに強い選手で（笑）。

「『代表の鶴屋ってのは強いのか？』みたいな感じで、柔道やキックボクシングの強い選手とかがよくジムに来たんですよ」

――そうしてプロになったあと、格闘技への情熱から消防士という安定した職業を捨てる形になったわけですか。

鶴屋　そうですね。消防士を辞めるときは親に相当反対されたんですけど。まあ、当たり前ですよね（笑）。

――当時、年齢も30歳になる頃ですよね？

鶴屋　はい。29歳ですから。また格闘技の道場をオープンするのは、親からすると柔道の町道場を出すような感覚なんですよ。

――趣味の延長で安い月謝で子どもたちに教えるみたいな。ビジネスとして捉えてもらえなかったわけですね。

鶴屋　だから「何をやってるんだ」と。でも、そこは自分で決めた道なので、消防士を勝手に辞めて道場を開いて。最初は凄く狭い道場だったんですけど、格闘技ブームだったからどんどん入会してきたんです。

――そこは格闘技ブームの追い風があったんですね。

鶴屋　千葉周辺ではウチだけだったんで、周辺の強いヤツはみんな来るようにもなって。あとはいまみたいに総合格闘技のジムが多くなかった時代だから「代表の鶴屋ってのは強いのか？」みたいな感じで、柔道やキックボクシングの強い選手とかが「1回やらせてくれ」みたいな感じでよく来たんですよ。

――半分道場破りみたいな感じで。

鶴屋　ボクがそこで負けちゃうと、「なんだ、たいしたことないな」って言われちゃうし、そういう評判が広まっちゃうから、ボクも来たヤツにはガッツリとやりましたよ（笑）。

――アメリカに道場を出したばかりの初期グレイシー一族みたいなもんですね（笑）。

鶴屋　本当にそうですよ。そこは総合なので打撃系には寝技で、組み技系には打撃でボクは勝てるんですけど。一度、日体大柔道部でバリバリやっていて身長も180センチ以上ある人が「強いの？」みたいな感じで来て、負けるわけにいかないから足関でガッチリ極めましたけどね（笑）。それから仲良くなって、いまでも付き合いがあるような人が何人もいますよ。そういう時代でしたよね。

――自分の実力で従わせないといけないような場面が普通にあったわけですね。

鶴屋　あと自分の練習相手を確保するためにも、そういう強い人を集めて練習仲間にしていったというのもありましたね。ジムを始めた頃の練習相手は松根しかいなかったんですけど、ボクが70キロで松根は60キロだから、それだけ体重が違うと練習にならないじゃないですか。だから途中から自分が選手として強くなるというより、育ってきた松根を「チャンピオンにさせたい」っていう気持ちが強くなっていきましたね。ボクはたいした選手じゃなかったしケガもあったけど、松根は修斗世界チャンピオンになれる素質があったんでね。

——松根さんという才能ある選手が自分の下にいたからこそ、早い段階でプレイヤーより選手育成に舵が切れたんですね。

鶴屋　だからボクは自分でジムを出す最初に、いちばんいいクジを引いたんですよ。あんないい弟子はいないですよ。強くて真面目で練習熱心で、いまだに技術も相当凄いものを持っているし。現役を終えて指導者としても結果を出しているじゃないですか。平良達郎を筆頭にね。

——鶴屋さんは比較的若くして指導者になったので、最初はかなり試行錯誤もあったんじゃないですか？

鶴屋　当初はボクも苦労しましたよ。ボクは途中から柔術の道に走って、いろんな寝技の技術を中井先生から教わって、それが身になったと思います。ブラジルにも何度も行って、それがあっていまは選手や生徒に教えることができているし。

——ブラジル修行もされていたんですか。

鶴屋　ボクが柔術の選手としてやっていたときは、世界大会が毎年ブラジルで開催されていたので、夏になったら1カ月くらいブラジルに行って、というのを7年間くらい続けていましたね。

——ブラジルではどこの道場に行ってたんですか？

鶴屋　（ヒカルド・）デラヒーバ先生のところには毎回行っていたんですけど、いろんなところに行きましたよ。その頃はPRIDEブームでブラジリアン・トップチームに強い選手がみんな集まっていたり、ノヴァウニオンに行けばアンドレ・ペデネイラスやシャオリン（ビトー・ヒベイロ）、ジョン・ホーキとかがいたり。ほかにもペケーニョ（アレッシャンドリ・フランカ・ノゲイラ）やパウロ・フィリオなんかもいて、ブラジルが凄く強い時代でしたから。

——凄くいい時代にブラジルに行っていたんですね。

鶴屋　そうですね。いまどうなってるのかな？　また行ってみたいですよ。あの頃とはだいぶ違うと思うんですけど。当時は街中で柔術衣を着て歩いているヤツがいましたから。

「じつは今年、息子（鶴屋怜）に『TUF』のオファーがあって、話が来たときはおもしろいなと思ったんですけど」

——いまブラジル人の強い選手はみんなアメリカに出ちゃうじゃないですか。

鶴屋　柔術世界大会もいまはブラジルではなく、アメリカでやっていますからね。

――その中で、日本の格闘技界はこの20年間、ＰＲＩＤＥが消滅したり大きな浮き沈みがありましたけど。

鶴屋　ジムではボクが柔術を教えて、ＭＭＡは松根が教えていたんですよ。で、そのコたちがだんだんと育ってきたのが、扇久保博正や征矢貴たち。いま松根は沖縄に帰って、自分で道場を開いていますけど、彼らをイチから教えたのが松根なので、松根が彼らの基礎をしっかり作ったとボクは思っています。

――いまの日本のＭＭＡの中心はバンタム級、フライ級といった軽量級になっていますが、その土台を築いたとも言えますよね。

鶴屋　そうですね。松根は教えるのがうまいですから。そしてボクのほうはキッズの指導も一生懸命やっていたんですけど、当時のキッズがいま選手として育ってきているんですよ。たとえば浅倉カンナもそうだし、最近（ＤＥＥＰフェザー級暫定）チャンピオンになった神田コウヤ、あとはウチの息子（鶴屋怜）もそうですけど、あのとき小学生だったコたちがいまどんどん育ってきているんで、それはうれしいことですね。

――今後、若い選手が世界を目指すにあたって、２０１６年に扇久保選手が『ＴＵＦ』（ジ・アルティメット・ファイター）に出たっていうのは、ジムとしての経験、情報量で役に立つんじゃないですか。

鶴屋　あの頃はボクらもいろいろと試行錯誤しながらやっていたんで、扇久保をＵＦＣに上げることはできなかったんですけど（トーナメント準優勝でＵＦＣと契約ならず）、それでもいろいろ経験にはなったし、失敗を繰り返しながらいまがあると思っていますね。

――もともと『ＴＵＦ』にはどういうきっかけで出ることになったんですか？

鶴屋　あのときは、海外エージェントをお願いしていた石井（史彦）さんという方がＵＦＣと交渉してくれて出られることになったんですよ。でも扇久保は大変だったと思います。『ＴＵＦ』をやっている2～3カ月はスマホも没収されて、いっさい外と連絡が取れないんですよ。あれはテレビ番組なので、情報が漏れてしまってはいけないってことで。

――録画編集されたリアリティショーですもんね。誰が勝ち上がるかはそれこそトップシークレットで。

鶴屋　『ＴＵＦ』に参加する際、「破ったら何億円かの罰金」と書かれた契約書にサインを書かされたみたいなんですよ。

――凄いですね（笑）。

鶴屋　なのでボクも扇久保とはまったく連絡が取れなかった

んですね。それで2カ月後くらいに、扇久保から「鶴屋さん、終わりました」って連絡が来た。そんな思い出があります。で、決勝で敗れたとはいえファイナリストなんで、普通ならUFCに出られるんですけど、オファーがなかったですね。

——ちょうどあの頃は、UFCフライ級がなくなるかもしれない時期でもあったんですよね。

鶴屋　そういうのもあってタイミングがあまりよくなかったんでしょうね。でも扇久保はよくがんばったと思いますよ。『TUF』はトーナメントなので1週間に1回試合をやるわけだから、そのたびに体重を落とすって凄く大変なことじゃないですか。

——しかもまわりは知らない人ばかりで、日本人はたったひとりですもんね。

鶴屋　そうなんですよ。英語もしゃべれないし。そんな中で決勝まで行ったんだから、よくがんばりましたよね。

——しかもUFC世界フライ級現王者のブランドン・モレノや、アレッシャンドリ・パントージャ、カイ・カラ=フランスといった、いまのトップどころが参加しているトーナメントですからね。そして今年、鶴屋怜選手が弱冠ハタチにして『ROAD TO UFC』のトーナメントに出るという。

鶴屋　その前に、じつは怜にも『TUF』のオファーがあったんですよ。

——今年ですか？

鶴屋　そうです。いまやっているやつですね。

——今回の『TUF』のコーチはコナー・マクレガーとマイケル・チャンドラーだから、出ていたらめちゃくちゃ注目されていたでしょうね。

鶴屋　もし出ていたら、マクレガーのチームに入っていたかもしれないですしね（笑）。ボクも話が来たときは「おもしろいな」と思ったんですけど、週に一度減量して試合に出るというのはイレギュラーなことだからちょっと無理だし、通常の形でUFCに行きたいという彼自身の願いもあったんで、見送らせてもらったんですけど。そういう判断ができたのも、扇久保の経験でいろいろわかったことがあったからなので。

——チームとしては、一度、扇久保選手が出た経験があるからこそ、その情報も加味して総合的な判断ができたということですね。

鶴屋　あと、本当は7月の『デイナ・ホワイト・コンテンダーシリーズ』に出られるという話があったんで、そこに出て一発でUFCとの契約を決めようと思っていたんですよ。そうしたら今年も『ROAD TO UFC』をやることになって、「日本人はそっちに出て勝ち抜かないとUFCに行けないよ」って言われたんで。

「確固たる目標を持って日々を過ごせるのはいいこと。その夢に一緒に向かっていけることはボクにとっても幸せです」

——UFCの方針が変わって、今後アジアの選手がUFCに上がるためには『ROAD TO UFC』で勝ち抜かなきゃならなくなったわけですか。

鶴屋　そうなんですよ。UFC側もそっちを盛り上げたいみたいな考えがあるみたいで。

——世界各地でローカライズされた登竜門大会で盛り上げて、その中のトップ選手がUFCに集まるような状況にしようという考えですかね。

鶴屋　だから『ROAD TO UFC』なしでUFCと契約する日本人ファイターは、平良達郎が最後だったのかなと思いますね。もちろん欠場選手が出て、急きょオファーが来るようなことはあるかもしれないですけど、基本的に日本人がUFCに出るためには『ROAD TO UFC』に出るしかないとなったので、1年間はそっちに出て、しっかりと結果を残してUFCに行こうと思ってます。

——鶴屋怜選手のフライ級は、昨年末くらいからRIZINも力を入れ始めた階級で、UFC参戦をアピールしていた神龍誠選手なんかも結局RIZIN継続参戦を決めましたけど。怜選手の場合はそれでもUFCでトップを目指す気持ちは揺るがなかったわけですか？

鶴屋　そうですね。彼にとって「UFCでチャンピオンになる」というのは人生を賭けた夢なので。RIZINさんとかいろいろありますけど、何がなんでもUFCに出て、日本人初のチャンピオンになるというのは、まったく揺るがなかったですね。家の応接間の壁にも書いてあるんですよ。「絶対にUFCチャンピオンになる！」と（笑）。

——毎日、その言葉を目にしているわけですね（笑）。

鶴屋　いまの若者で何か「これを絶対にやりたい」というコが少なくなってきているじゃないですか。

——そうかもしれないですね。漠然と「好きなもので生きていく」とかはあるかもしれないですけど。

鶴屋　そういう意味で、こういう確固たる目標を持って日々を過ごせるのはいいことなんじゃないかなと。その夢に一緒に向かっていけることはボクにとっても幸せですしね。もちろん、結果はどうなるかわからないし、日本人がUFCチャンピオンになることがどれだけ難しいか、可能性が低いのかもわかっていますけど。ただ、実際にいまメキシコ人選手がUFCフライ級王者になったり、女子では中国人選手もUFCチャンピオンになりましたよね。

——中国のジャン・ウェイリーがUFC女子ストロー級王者

になりましたね。

鶴屋　だからアジア人や、これまでUFC王者を輩出していない国の選手がUFC王者になるのは不可能なことじゃないんですよ。怜の場合、UFC世界ランキングに入っている選手とも実際に何人かと練習させてみて、「これはいけるな」という感覚もなんとなくつかんできたので。

——世界のトップクラスとすでにスパーリングでは手合わせしているんですね。

鶴屋　ただ、練習と試合はもちろん全然違うし、怜はまだ外国人選手と試合をしたことがないので、『ROAD TO UFC』で3試合やってUFCに行くというのが凄くいい経験になるんじゃないかと思いますね。

——たしかに、いきなりUFCという修羅に飛び込むよりも、3試合経験を積んでから行くのは逆にラッキーかもしれないですね。そして、晴れてUFCに参戦した暁には、同じ階級に平良達郎選手がいます。将来的にはふたりがUFCのオクタゴンで闘うこともあるかもしれないですよね、気が早すぎますけど（笑）。

鶴屋　達郎は、ボクが育てた松根が育てた選手なので、ボクにとっては孫弟子ですからね（笑）。その達郎がウチの息子とやるなら最後はベルトを賭けてやりたいですよね。

——それは凄く夢がありますよね。

鶴屋　それができたらボクはもう終わってもいいです。引退しますよ（笑）。

——こんなに夢がある話はないですし、実際にその可能性もあるわけですからね。

鶴屋　たまたま同じ階級なんでね。達郎はいまＵＦＣ３連勝しているし、このまま行くとその可能性も出てきますもんね。違う階級だったらよかったんだけど（笑）。達郎も東京に来たときは、いつもウチで一緒に練習していますから。

——今年は20数年やってきた成果を見せるとき、かもしれないですね。

鶴屋　そうなるようにボクらは一生懸命動いていますね。でも日本人がＵＦＣチャンピオンになるっていうのは、昔で言えば藤原敏男さんが外国人初のムエタイ王者になるみたいなものじゃないですか。

——当時は日本人がムエタイ王者になるのは不可能だと言われていましたから、いまのＵＦＣと状況は似ていますね。

鶴屋　その常識を覆すために、黒崎健時先生が藤原さんにもの凄いトレーニングを課して、それでやっとチャンピオンになれたわけですから。日本人初のＵＦＣチャンピオンになるっていうのもそれぐらいのことなんだろうなと思って。どんなにハードな練習をしても「これで大丈夫なのかな？」って思いますよ（笑）。

——かつての藤原敏男さんみたいに、３６５日で休みは元日１日だけ、試合の翌日も練習みたいにしたほうがいいんじゃないかとか（笑）。

鶴屋　本当に相当な練習量だったらしいですからね。いまとは練習方法や考え方も違いますけど、常識を覆すには常識を超えないといけない。そう心に刻んで、取り組んでいこうと思いますよ。

鶴屋浩（つるや・ひろし）
1970年12月8日生まれ、千葉県鎌ケ谷市出身。パラエストラ千葉ネットワーク代表。元・総合格闘家。
国際武道大学卒業後、1999年にパラエストラ松戸を設立。同年、全日本格闘技選手権優勝。総合格闘技で元修斗ウェルター級ランカー5位の実績を残し、柔術では2004年世界マスター&シニアブラジリアン柔術大会茶帯レーヴィー級優勝、2005年ルタドールNO-GI JIU-JITSU無差別級決勝戦で柔術世界王者ビビアーノ・フェルナンデスを破って優勝するなどして活躍する。パラエストラ千葉ネットワーク代表として、第3代修斗フェザー級王者・松根良太をはじめ、内藤のび太、扇久保博正、浅倉カンナなど数々の選手を育てている。

“REAL”
FIGHT.
THE ORIGINAL
QUALITY

坂本一弘

馬乗りゴリラビルジャーニー（仮）

第32回

5・21『Colors』旗揚げ!!

（ABEMAで独占生中継）

構成：井上崇宏

（さかもと・かずひろ）
1969年3月4日生まれ、大阪府大阪市出身。
修斗プロデューサー/株式会社サステイン代表。

——坂本さん、青天の霹靂ですよ。なんですか、あの『Colors』（カラーズ＝修斗がプロデュースする女子だけの公式戦）っていうのは？

坂本　もともと修斗で女子の世界タイトルが創設されたり、女子のインフィニティリーグとかをやってきた中で、そろそろ女子だけの大会ができたらいいなっていう機運が高まってはいたんですよ。そこで核となるものがきちんと決まれば、こういうアクションが起こるっていうことですかね。

——その核ってなんですか？

坂本　今回、カラーズのCSO（最高戦略責任者）に就任した藤井惠さんが納得してくれるかどうかっていうところは絶対的にありました。我々が藤井CSOが納得をするものを提供することができるかどうかで、女子だけの大会を開催できるかどうかも決まるっていうか。

——納得していなければCSOを引き受けていないでしょうから、つまりフジメグさんに納得をしていただけたから「よし、やるぞ」となったと。

坂本　そうですね。修斗は5月21日にニューピアホール大会があって、当初はいつもの大会と同じく男子4試合、女子3試合を混合でやろうと言っていたんだけど、そこにAACCの阿部（裕幸）代表も加わって話していく中で「もうその日は1部と2部に完全に分けて、女子選手だけの大会をやっちゃいましょうよ」ってことになったんです。

——もう女子だけのイベントをやっちゃおうよと。

坂本　そう。そうなったら次にボクらは舵取りをしなきゃいけないので、「本当に大丈夫か？」「集客できるのか？」「試合数はどうする？」っていう議論をするんですけど、北森（代紀）が「できると思いますよ」って言うから、いけるんだったらいいよ、やってみようぜっていう。当然、修斗がプロデュースをするので「世界に通用する女子格闘家を輩出していく」っていう揺るぎな

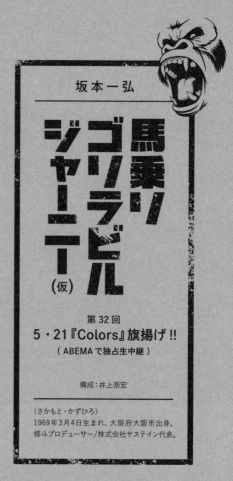

いコンセプトが最初からあるので、そのうえで藤井さんにCSOに立ってもらいたいなと思いましたね。

――イメージもいいですし、説得力がありますよね。

坂本　女子格闘技ってまだ歴史は浅いじゃないですか。でも若い選手たちがどんどん台頭してきて、キャリア＝強さではなくなりつつある。だからキャリアのある選手とデビューして間もない選手が試合をしても、遜色ない闘いができる選手が出てきているんですよ。要するにジャンルとしてベテランと中堅、若手の選手の均等が取れてきているんですよ。だったら女子だけの大会をやる意味もあるんじゃないかなと。井上さんはカラーズについて、どう感じています？

――いや、率直に新しいフレッシュな風が吹きそうだなって思いました。

坂本　ボクもそういう声をよく聞くんですよ。「おー、なんか新しいことが始まるじゃん」っていうワクワク感というか。だから開催を決めてよかったってことなんでしょうね。

――具体的にフジメグさんをCSOを立てた理由はなんですか？

坂本　そこに関して修斗としては一択ですよね。藤井さん以外にはもう誰もいない。ひとつの時代を走り抜けた人というのはそういう運命じゃないですか。だから佐藤ルミナだっていまアマチュア修斗の運営をやっていますけど、彼も時代を駆け抜けていったからやっぱりその位置にいるし、それは藤井CSOも然りだと思うんですよ。だから藤井さんがダメって言ったらやらないし、っていう感じですよ。

――一択だから。

坂本　じつは去年ぐらいはVTJの女子大会をやりたいとも思っていたんですよ。そこで阿部代表にも「VTJの女子ってどう思います？」っていう相談をしたり、同時にイサミの磯社長やインスピリットの杉田社長にも相談していて。そうしたら磯社長とたまたまメシを食っているとき、VTJのグローブもイサミさんが作ってくれていたので「女子だとグローブの色はこういうふうに変えてみるのはどう？」みたいな話になって、それからすぐに試作を作ってくれたんですね。写真がありますけど、どうですかこれ？

――あー、いいじゃないですか。

坂本　ティファニーブルーっていう。

――マジでティファニーだ（笑）。それがカラーズの公式グローブになるんですね。すでにカラーにはこだわっているぞと（笑）。

坂本　こういう細部も重要だし、でも何より試合をする選手ありきだから、カラーズに上がりたいという選手は、ぜひ藤井CSOにアピールしてくれたらいいなと思いますね。

――ルールは修斗ルールですよね？

坂本　修斗ルールです。

――いやあ、来たなあ。

坂本　どうしたんですか、凄く遠い目をして。

――いや、ボクは旗揚げフェチなんですよ。

坂本　じゃあ、旗揚げフェチとして、いままでいちばんよかった旗揚げ戦はどれです

KAMINOGE COLUMN

か？　やっぱり東京プロレスのアントニオ猪木vsジョニー・バレンタインですか？

――まったく思いつかないですね（笑）。

坂本　フェチでもなんでもねえじゃねえか（笑）。

――でも歴史の始まる第一歩に立ち会う興奮ってありますよね。

坂本　歴史が動く瞬間というのがあって、それがのちにどう動いていくかはわからないですけど、動き始めた瞬間は間違いなく「おっ！」ってなりますよね。そこで選手たちがどういう試合をするか、自分をどう出すかっていう、そこも含めてカラーズじゃないですか。自分の色をどうやって出すかだから。

――それは猪木イズムですね。「白いキャンバスに何を描くのかはおまえの自由だ」っていう。

坂本　ちょっとモノマネ入ってんな（笑）。カラーズっていうネーミングは阿部代表がいろいろとアイデアを出してくれた中にあったもので、ロゴとかも作ってくれたんですよ。

――いや、マジでどのジャンルも、パンチが効いている女子がどんどん前に出てきて活躍するっていう時代になっていますよね。

坂本　だからいま女子プロレスの勢いも凄いですしね。そもそも女子プロレスというジャンルをビジネスとして成立させてきた歴史も凄いし。だってそのとき、ほかの女子スポーツでプロと名乗っているものがあったの？って話じゃないですか。たとえば女子プロレスが誕生したときに女子プロゴルフは存在していたのか？とか。

――全然プロレスのほうが歴史は古いですよね。

坂本　そうでしょ。だって女子に関しては、アマチュアレスリングよりもプロレスのほうが歴史が古いわけですからね（笑）。

――いや、だから思うんですけど、かつての全日本女子プロレスって世界最強軍団でしたよね。

坂本　だって女子レスリングの大会に出て行って、全女のレスラーたちが勝ったりしてるんですよね。

――そうするとですよ、ボクはカラーズの会場ロビーで坂本さんが焼きそばを焼いて売っている姿が坂本さんが目に浮かぶわけですよ。

坂本　浮かぶな！　俺は全女の松永会長か（笑）。

――あれ、大きな声じゃ言えないですけど、めちゃくちゃいいらしいですよ。原価がタダ同然のものを売ってその場で現金でやりとりしているから、売り上げとして申告する必要がないじゃないですか。

坂本　その前にそんなところで焼きそばを焼いてたら、会場から出禁を喰らいますよ（笑）。火気厳禁なんだから。

――そうなんですか！　いや、じつは今日ボクは坂本さんにカラーズの会場で焼きそばを売ってもいいか聞こうと思っていたんですけど（笑）。

坂本　いいですよ。勝手に売って怒られてくださいよ。俺は他人のふりをしますけど（笑）。

――〝カラーズ弁当〟とかいいですけどね。

まあ、唐揚げ弁当なんですけど（笑）。
坂本　茶色かよ。
――「この唐揚げの色をどうつけるかはおまえ次第だ」って言って。
坂本　なんで猪木なんですか。いやいや、唐揚げはどうしたって全部茶色だよ（笑）。
――「そこはおまえの揚げ方次第だ」（笑）。
坂本　もうええっちゅうの。でもね、さっき井上さんが言った当時の全日本女子プロレスが女子で世界最強軍団だったかもしれないっていう説は凄くおもしろいよね。たしかに当時のあの環境、寮もあって、食事も出て、死ぬほど練習させられて、先輩からの嫌がらせもあるだろうけど、それすらも耐え抜いていく女子の人たちはたぶんめちゃくちゃ強いですよね。
――絶対に強いと思います。
坂本　だってフィジカルが、ほかの競技をやっている人よりも絶対的にありますよね。
――子供心に、柔道やレスリングなどいろんなジャンルの経験者がプロレス界に入って、そこでさらに鍛えることでアマチュア時代よりも強くなるのがプロレスラーという認識だったわけじゃないですか。でも実際にはそうだったかどうかは怪しいわけですけど、全女はちゃんとその理想のピラミッド、そうなるシステムができていましたよね。
坂本　下手したら何も競技経験がなくても、15歳くらいから入門してスクワットやプッシュアップを3、4年やってたら、そりゃ普通にフィジカルが強いですよね。ほかのジャンルでそんなことはやっていないですもん。
――だから全盛期のジャガー横田vs浜崎朱加とか観たいですけどね。
坂本　それは浜崎選手が絶対に勝ちますね。
――普通に勝つかもしれないですけど、試合が終わって手を挙げられたときには浜崎さんの左腕はちぎれかかっていますよ。
坂本　それ、本当のジャガーとやったわけじゃないですよね？（笑）。それ、なんの技をやられてそうなるんですか。
――だから浜崎さんのチョークに対して、ジャガーが噛みつくっていう。
坂本　反則だから。でも全女の選手たちの身体能力とか、ブリッジで返す力とかは普通じゃないですよね。たしかにカラーズもそういうふうになっていかなきゃいけないのかもしれないですね……いや、やっぱ違うのかな（笑）。
――違いますよ。選手は各々の所属ジムからやってくるんですから（笑）。
坂本　今後はね、修斗伝統の地獄の合宿を復活させて、藤井CSOとか浜崎選手のような世界を知っている人たちにコーチングしてもらうとか。
――秩父の山で（笑）。
坂本　秩父リングスター・フィールドはもうない。でもそういう合宿を定期的にやったら、マジで女子格闘技のレベルもさらにアップするかもしれないですよね。
――もうボクはフジメグさんの意向を完全無視して言いますけど、カラーズは全女のフォーマットで行くべきですよ。
坂本　じゃあ今度、玉袋さんの変態座談会のゲストに藤井CSOを呼んで、そう進言してみてくださいよ。

ぱんちゃん璃奈 宮田充

［KNOCK OUT プロデューサー］

「私はたくさんの方のおかげで
ふたたび格闘技ができるようになりました。
絶対にもう笑顔しか見せたくないと
思っていますし、いままで以上に努力して
強くなりたいという気持ちで燃えています」

収録日：2023 年 4 月 7 日
撮影：タイコウクニヨシ　試合写真：© Def Fellow
構成：井上崇宏

ヒトハイクラデモ ヤリナオセルト
イウコトヲ ショウメイセヨ。

昨年12月に那須川天心と武尊のサイン入りポスターを偽造し、インターネットオークションで落札者から現金約10万円をだまし取った詐欺の疑いで兵庫県警垂水署に逮捕されたキックボクサーのぱんちゃん璃奈。

だが被害者との示談が成立したこともあり、神戸地検は今回の一件は不起訴処分に。3月5日にはエキシビションマッチでリング復帰を果たし、そして4月22日には公式戦復帰も果たす。

今回はKNOCK OUTのプロデューサーである宮田充氏が帯同のもと、事態の真相や現在の心境について聞いてみた。

「この状況の中、実際は私とのこれまでの関係も浅かった宮田さんが本当に凄く助けてくださいました」

——ぱんちゃんには3年ほど前にも一度『KAMINOGE』に出ていただいたんですよね。

璃奈 そうでしたね。まず、本当にこのたびは申し訳ありませんでした。こうしてまた出させていただけるとは思っていなかったんですけど、今日はよろしくお願いします。

宮田 今回の事件以降、ネットでぱんちゃん選手に関するいろんなエピソードが出ていましたけど、その中で『KAMINOGE』さんでのインタビューからの引用がたくさんあったんですよ。

——えっ、そうなんですか？ それはマジで知らなかったです（笑）。

宮田 やっぱり普通の専門誌とは違うから、キックを始める前のぱんちゃん選手がダメな生活を送っていた頃の話とかをしていたじゃないですか。そこの部分を引用されて「パチンコ依存症で、お金を全部パチンコに注ぎ込んでいたヤツだ」とか。

——まあ、それは事実ですよね（笑）。

宮田 あくまでも10代の頃の話ですから（笑）。それはそうと、復帰に向けての彼女のインタビューはこれが初めてなんですよ。

——えっ、そうなんですか！

宮田 いろんなところから、それこそさまざまな紙媒体や映像メディアから取材のお話が来ている状況なんですけど、ボクは『KAMINOGE』さんに出るのがいいんじゃないかなと思ったんですよ。

璃奈 私もひとりだとちょっと心細かったんですけど、宮田さんが「一緒に出ようよ」って言ってくださって。

——なんか今回は、謝罪と復帰の会見とかでも宮田さんの選手に対する包容力を感じましたよね。普段は凄く短気な人なんですけど。

宮田 「包容力がある」って生まれて初めて言われました！

璃奈 宮田さんって短気ですか？ 私はまったくそんなことを感じたことはないですし、むしろおおらかすぎる方だと思っ

ているんですけど。

――選手から見える宮田さんと、関係者やマスコミから見える宮田さんの姿は絶対に違うと思うんですよ（笑）。とにかく選手ファーストの人ですから。

璃奈　私にとってはもう命の恩人ですから。

宮田　そんなことはないですよ（笑）。

璃奈　いえ、この状況の中、実際は宮田さんとは関係も浅かったですし、前のジムに所属していたときも直接やりとりしたことはなく、一度ご飯をご一緒させていただいたくらいの仲だったのに、本当に凄く助けてくださいましたから。

――だから会見で、記者から「なんでこのタイミングで復帰なんだ？」という質問が飛んだときでも、宮田さんは「じゃあ、復帰は1年後なのか、3年後なのか、それとも3カ月後なのか。何が正解なんですか？」という言葉を即座に返せる人というか。まあ、本音でそう思って言ったんだと思うんですけど。

宮田　本当にそう思いましたね。「じゃあ、逆にうかがいたいくらいなんですけど、いつがいいんですか？」っていうことをボクは言わせてもらったんですけど、ひとりのファイターとして言うと、ぱんちゃん選手は去年ケガをしてしまったんですよね。それでもともと復帰の時期が今年の春か、もうちょっとずれるかっていう中で、去年12月に逮捕をされた。そして年が明けて、ぱんちゃん選手を通じて被害者の方との

Trinit
寄口工業
KNOCK OUT

状況だったりを聞いていて、まず謝罪会見をやることに問題はないと。それなら武尊選手サイド、那須川選手サイドにもきちっとお詫びをしたうえで、まずは会見をやろう、そこでちゃんと謝りましょうということになったんです。

璃奈　そうでしたね。

宮田　それで復帰に関しても、KNOCK OUTとしては3月5日の代々木第二体育館でのビッグマッチがあって、4月、6月と興行があるので、早くて4月、遅くて6月、うまくいったら3月5日に間に合えばいいなと思ったんですよ。でもそのマッチメイクをやる中で、ぱんちゃん選手の名前は1回消えたんですね。やっぱり1カ月くらい練習ができなかったし、年明けくらいから相談を始めて大会まで2カ月もないからまだ蹴れませんと。じゃあ、蹴れないんだったらどうしよう？っていう。それは謝罪会見をやるよりもまたグッと進んだ形になるので、じゃあエキシビションマッチで復帰して問題はないかっていうことをぱんちゃん選手から確認してもらったんですよ。

「正直、自分の幼稚さに気づけないのも私なんですよ。本当になんにも後先を考えないところがあって」

――その確認は警察のほうにしたんですよね？

璃奈　そうなんです。そうしたら「問題ないです」という回答をいただきまして。

宮田　それならばと山口（元気）代表や会社と相談して、「じゃあ、代々木で行ってみましょう」となったんですよ。だから、もちろん謝るべきは謝らなきゃいけないし、償うものはちゃんと償うことは大前提で、それとリング復帰の時期は別問題かなと。これ、ちょっと思いきった言い方になっちゃいますけど、ボクからすればノックアウト負けした選手がいつ復帰戦をやるかとか、ケガをした選手がいつ再起戦をおこなうかという話とたいして変わりはないんですよね。でも今回の復帰に関しては、ボクにもけっこう批判の声が来たくらいだから、本人には相当来たと思うんですよ。そこで彼女とは日々連絡を取り合って「大丈夫ですか？」っていうことを聞いたら、わりと決めたらそこに突き進む選手なので大丈夫そうだったんですね。じゃあ、あとは相手だなっていうところで。

――それで3月の代々木で、坂本瑠華選手とパンチのみのエキシビションマッチをやり、4月22日の後楽園大会で公式戦復帰（vsワン・チンロン）をするという。ぱんちゃんはいま、どんな気持ちで日々を過ごしてるんですか？

璃奈　捕まったあと、自分に関するたくさんのマイナス記事を見るたびに「もう1回がんばりたい」と逆に思いました。

メディアにはかならず私の泣いている写真とか、ちょっと人相の悪そうな感じの顔とかがたくさん出ていて、事実ではない記事もたくさんありました。ここで終わったらこういうイメージの人間のままで終わってしまうなと。それは親からも言われまして、「一度悪いことをしたけど、もう1回がんばれば、いろいろあったけど、それでもがんばったコなんだとみんなから思ってもらえるようになるから」と。だからまたいつか、自分のいい記事で埋め尽くしたいなと思っていますね。

――「悪いことをした人で終わりたくない。ここからがんばっている姿を見せて終えたい」と言っていましたね。

璃奈　今回のようなことができるっていうのは本当に悪い人間なんですけど、ただ、いままでやってきたこと全部がウソというわけではないんです。格闘技でがんばってきたこと、がんばっていればリングの上で輝けると思ったことは本当ですし、そういう部分をもう1回見ていただくことで、過去を消せるわけではないんですけど、弱い人間でもまた立ち上がれるんだという姿を見せたいなと思いますね。その姿はいまの自分にしか見せられないものじゃないかとも思いますし。

――そうですね。ぱんちゃんのアンチというのは今回の事件以前から一定数いたと思うんですよ。まず、「ぱんちゃんはメンタルが強い」っていうイメージがあると思うんですよね。ハートが強くて何事にも動じない、なんでもへっちゃらみたいな。

璃奈　そうですかね？

――って思うんですよ。でも前回インタビューさせていただいたときに感じたことは、めちゃくちゃ精神的に危うさのある人というか。

璃奈　私、危ういんですよ。昔はいまよりももっと激ヨワでしたし。

――そこで格闘技と出会って、本当に格闘技に救われたという人生ですよね。

璃奈　そこで人として昔よりも強くなれましたね。

――そしてこれは失礼な話ですけど、今回の事件を初めてニュースで知ったとき、ボクはビックリしたと同時に、正直言って「あるかもな」と思ったんですよ。「ぱんちゃんならやるかも」と。これは本当に失礼ながら。

璃奈　ああ……。いやでも、それは言われますね。

――たとえば、バイト時代も単純な作業がまともにできなかったとかっていう話を聞いていたので。

璃奈　いろんな人から言われるんですけど、みんなが普通に道の真ん中を歩くのに対して、常に端を歩く人っているじゃないですか？　私もいつでも落ちちゃう位置を歩いているタイプの人間というか。言い方は悪いですけど、もし手すりのない橋の上を歩くとしたら、みんなは慎重に真ん中を歩くと思うんですけど、私は端っこのギリギリでいつ落ちてもおかしくないラインを歩いていたので、そこで何かの拍子で転んだときは自分で戻れなくなるんだろうなと思いますね。そうなったときに誰かに相談するとか、精神の安定を図れるものがちゃんとあったら、こんなことにはなっていないと思うので……。

——サインを偽造して売ってしまった、そしてそれがバレて逮捕された。その逮捕されるところまでがぱんちゃん、という気がするんですよ。言い方はおかしいですけど、本物のワルならもっとうまくやるだろうし、そこの幼稚さも含めてぱんちゃんっていうか。

璃奈　正直、自分の幼稚さに気づけないのも私なんですよ。すぐにバレる下手なサインを何も考えずに書いて、あとは発送の仕方とか梱包をどうしたらいいのかがわからなくて、そのまま丸めて出しちゃってポスター自体がグチャグチャになって被害者の方に届いていたりとか。

——もう、落札者にはすぐにバレましたよね？

璃奈　そうですね。本当になんにも後先を考えないところがあって、そこでちゃんと対応できなかったことも、私のいちばんダメなところなんですけど。

「自分はここまではまぐれで成功したと思っていたので、この5年間は幸せに歩めたのでよかったのかなとも思いました」

——なんか、ぱんちゃんって世間一般の人とは半音ズレているというか、でもそのズレている自分のことを上手に言葉で説明できる人なんですよね。

璃奈　ズレているっていうことは自分でも凄くよくわかるんですよ。格闘技をやる前までちゃんと生きてこられなかったので。

——その、ずっと生きづらかったという状況を、ぱんちゃんがわかりやすい言葉で丁寧に伝えてくれるので、逆にそのズレがいかに苦しかったかということがうまく伝わっていないのかなと。

璃奈　ああ、それもめちゃめちゃ言われますね。だから「実際に会って話してみたら、思っていたイメージと違う」っていうのもよく言われますし。まったく会話ができない人だと思われているというか、普通に人間の心がある人だと思われていなかったみたいな。

——まず捕まったときですが、警察が家にピンポーンと来るわけですよね。そのとき、どう思いました？

璃奈　朝方に来たんですけど、基本的に私は宅配以外はピン

KNOCK
OUT

有限会社
小野組
KNOCK OUT

ポンが鳴っても出ないんですよ。それでずっと無視していたら20回以上もピンポンが鳴って、そこからドアをトントントンってしているから本当に怖くて。たとえば本当に怖い人とかの可能性もあるじゃないですか。しかもオートロックなのに、どうして玄関の前まで来ているんだろうとか。

宮田　たしかに。

璃奈　それで、そろーっと玄関まで見に行こうと起きた瞬間に名前を呼ばれたんですよ。「岡本さん、開けてください」って。その瞬間に「えっ、警察なのかな?」って思ったんですね。でも、そのときはまだ何か近所で事件が起きて、私に何か聞きに来たのかな? と。それでインターホンのモニターを見たら、私服警官の方だったんですけど警察手帳を見せていたので。

――そこでようやく事態を察した感じで。

璃奈　それでドアを開けた瞬間に警察がここに来た理由を聞いて、そのときに「あっ、もう終わった……」って思いましたね。人生が終わったなと。

――そのとき、絶対にこれは大きなニュースにもなるだろうなというところまで想像できました?

璃奈　絶対にそうなると思いました。

――その瞬間、いろいろな感情が渦巻きますよね。

璃奈　いちばんは応援してくださった人たちに申し訳ない、どうやって謝ろうかっていう。その謝罪をどうしたらいいのかっていうのをまず考えていましたね。家族とかスポンサーさん、選手やトレーナーさん、ジム、団体、もちろん被害者さん、その方たち全員にどうやって謝っていけばいいのかっていうことをずっと考えていて、自分の人生が終わったとかはどうでもよくて、その方たちに申し訳ないなっていう気持ちが100パーでした。それほどめちゃめちゃ応援してもらっていたので、ただただ泣いて後悔しましたね。

――その次に何を考えました?

璃奈　正直に言いますと、自分はもともとダメ人間で、ここまではまぐれで成功したと思っていたので、ここで終わったとしても、この5年間は幸せに歩めたのでよかったのかなと。

――ラッキーなことも起きた人生だったなと。

璃奈　そう思いながらも、やっぱり自分のことを応援してくれていた方たちの顔が浮かんできて、たくさんのいい人たちを裏切ってしまったことが、ただ苦しかったですね。自分はそこで完全に人生をあきらめました。ここから這い上がるのはもう無理だと思いました。

――そもそも金銭的に苦しくなったきっかけという、投資詐欺に遭ったというのはどういう状況だったんですか?

璃奈　わかりやすく言うと、「このサイトに300万を入れたら1週間後には15パーセントが上乗せになって返ってくる」っていうサイトにお金を入れちゃった感じですね。

――「んなわけねえだろ！」とは思わなかったわけですね。

璃奈　いま思うとそうなんですけど、ただ、そこから海外展開するっていうことを謳っていて、海外の人には15パーセント上乗せしたものを買ってもらうから日本人の最初の１００人くらいは絶対に儲かるっていうのはたぶんみんな信じていました。それは騙されると思うんですよね。

宮田　いや、そこには張らないなあ。

璃奈　だから、たぶん私にギャンブラー魂が残っていたんでしょうね。

宮田　あー、そういうことかあ。

――あと、20代の女子格闘家のリアルなところを聞きたいんですけど、格闘家として成功していくといろんな人間関係が生まれて、お付き合いも増えていきますよね。友達も含めて。そういう怪しい投資話とかって、いつ持ち込まれてもおかしくない環境だと思うんですよ。

璃奈　でも私は友達と遊ぶことが年に2回くらいしかないんですよ。本当に練習と試合で毎日忙しくしていて、試合は2カ月に1回していましたし、練習も週に13回していたので、スポンサーさん以外の人と会うっていうことがほとんどなかったんですね。それがケガをして練習も休んでいた期間に、知り合いと会って遊んだりするようになっていき、その投資の話に誘われてっていう感じです。ケガをすると練習ができなくて時間があるから、いろんな人と会っちゃうんですよ。よくないですね。

「人間としてはマイナスからやり直しなんですけど、格闘家としては半分くらいからのやり直しかなと思っています」

――しかも格闘家はそういう人たちとの接点が生まれやすいというか。活躍するとそれまで手にしたことのなかった大金がいきなり入ってきたりする商売ですからね。

璃奈　本当にそうですね。たしかに1試合、2試合とかで見えていた景色がガラッと変わる世界ですね。しかもお給料みたいに毎月入ってくるわけじゃなくて、試合をするごとにバッとお金が入ってくるので、金銭感覚がおかしくなるっていうのはあるかもしれないです。それは私だけなのかもしれないですけど。

――いや、このペースで年間であと何試合したらいくらになるとかって、計算しちゃうのが普通だと思うんですよ。

璃奈　そうなんですよね。だからお金を使ったとしても「また次に試合をしたらいいや」っていう感覚にもなっちゃって、結局サイトにお金を入れてパーになるっていう。何も残らなかったですね。

――でも物欲とかあまりなさそうですよね？

璃奈　トレーニング費用や身体のケア代、アスリートとして必要なものや美容代などには注ぎ込むんですけど、それ以外の物欲とかはないんですよ。食費とかドラえもんのグッズを集めることくらいしか趣味でお金を使うことがないですね。だから黙って貯金しておけばよかったです。でも何もない素人からあれだけ上がれて、いまはまたゼロに戻ったと思っていたんですけど、拳は落ちていないなと感じたので、格闘家としては半分くらいからのやり直しかなと思っていますね。人間としてはマイナスからやり直しなんですけど、格闘家としてはけっしてゼロにはなっていないかなと。

――もう被害者ともちゃんと話がついていて、警察も不起訴処分っていうところですからね。

璃奈　凄く思っていることは、いま私は何をしていても「反省してない」と言われるんですね。試合が決まったら「反省してたら普通は出てこられない」とか。それで私はけっこう笑顔でいることが多いんですけど、「笑ってるから反省してない」と。でも私としては今回の記事とかで泣いている写真ばかり出たので、絶対にもう笑顔しか見せたくないと思っているんですよ。もう悲しい顔とかは絶対に表に出したくないなって。そうするとまた「反省してない」って言われるんですけど、そこを突っ込まれるのは当然だと思いますし、こんな状況でもまわりに助けてくれる人がいるっていうことに対して「許せない」という気持ちを持たれるのも仕方がないと思うんですよ。そこについて叩かれるのは全然いいんです。叩かれるぶん私も好きに練習しますから、そこは一緒かなって思うので。ただ、叩くのと、デマの情報を流すっていうのは違うので、悪意のある誤情報に対しては弁護士さんに対応を依頼しています。

――そこはちゃんと対処するのも大事ですね。

璃奈　叩かれてもいい覚悟で好きに生きようっていうとおかしいですけど、格闘家としてはこれからもがんばって好きに生きようと思っています。叩かれてもいいから自分はどんどん練習していくし、試合もしていくっていう気持ちです。やっぱり格闘家としてもっと強くなるということがいろんな意味で大事なのかなと。

宮田　本当にそうだと思いますよ。自由にやっているイメージがあるからいいってところもあるじゃないですか？　それこそＹｏｕＴｕｂｅなんかも自由にやっているし、人として最低限のところを二度と踏み外さなければいいと思うんですよ。

璃奈　次に何かやったらもう終わりなので、絶対にないようにします。

宮田　でも、けっこうがんばって乗り越えたよね？

璃奈　それは宮田さんのおかげでもありますし、何より被害者の方が示談に応じてくださって、いちばん応援してくださ

る人になったこともいまのパワーになっています。
――被害者の方は、この間の代々木第二も観に来られていたんでしたっけ？
璃奈　代々木に来てくださって、私も会いました。本当にありがたかったですね。今回の後楽園での復帰戦もわざわざ神戸と横浜から応援にかけつけてくださるとのことで、凄くパワーになります。
宮田　これから、ぱんちゃん選手にはどういう人生が待っているんでしょうね？
璃奈　でも、それがわからないから楽しいなとは思っています。人気とか好感度とかもどん底まで落ちましたし、とにかくここからは上がっていくしかないので、何にでも感謝できる、幸せを感じられることができて夢があるなって。
――やっぱり、ぱんちゃんって強さと弱さの両方がありますね。そのどちらもが過剰というか、なんか不思議な人ですね。
宮田　ボクは自由にどっちも見せていけばいいと思いますね。
璃奈　ＳＮＳのＤＭとかに過去に捕まったことがある人とか、大きな失敗をした人とかからたくさん連絡が来るんですね。「希望を見せてください」とか「自分も同じような経験をして、ぱんちゃんならもう1回這い上がれると思う。その姿を見たら同じような経験をした人たちが勇気をもらえると思うので、絶対にがんばってください」っていうような言葉がたくさん届くので、本当にそういう人たちに希望を与えられるように、もう一度がんばりたいなって思います。私はたくさんの方のおかげで、もう一度、格闘技ができるようになりました。当たり前じゃないです。いまファイターでいられることはみんなのおかげなので、もう一度信じて応援してくださってる人のためにも、いままで以上に努力して強くなりたいという気持ちで燃えています。ファンの方や、支えてくれるたくさんの方に本当にありがとうございますの気持ちでいっぱいです。

ぱんちゃん璃奈（ぱんちゃん・りな）
1994年3月17日生まれ、大阪府豊中市出身。本名・岡本璃奈。キックボクサー。学生時代に水泳や陸上の経験を経て、21歳で上京。キックボクシングジムSTRUGGLEに入会するとすぐにキックボクサーを志すようになり、2019年2月17日、『PANCRASE REBELS RING.1 NIGHT』での川島江理沙戦でプロデビュー。2020年8月30日、『REBELS.65』で行われた「REBELS-BLACK女子46kg級初代王座決定戦」でMISAKIに判定勝利して同王座を獲得。2021年7月18日、『KNOCK OUT 2021 vol.3』ではsasoriに判定勝ち。2021年9月19日、RIZIN初参戦となる『RIZIN.30』で元NJKFミネルヴァ日本アトム級王者の百花と対戦して判定勝ち。2022年3月12日『KNOCK OUT 2022 vol.2』での初代KNOCK OUT-BLACK女子ミニマム級王座決定戦で喜多村美紀から判定勝ちを収め同王座獲得。2022年12月5日、那須川天心、武尊のサインを偽造販売し、神戸市垂水区在住の男性から現金約10万円を騙し取った詐欺の容疑で兵庫県警垂水署に逮捕される（のちに不起訴処分となる）。2023年2月17日、KNOCK OUT王座を返上。3月5日、エキシビジョンマッチで坂本瑠華と対戦。4月22日、ワン・チンロン戦で公式戦復帰も果たす。

宮田充（みやた・みつる）
1968年3月6日生まれ、熊本県熊本市出身。
高校卒業後、全日本プロレスのスタッフを経て、全日本キックボクシング連盟を主催するオールジャパン・エンタープライズに入社。全日本キックの広報、リングアナウンサー、興行部長を務め、興行面での中心的な役割を果たす。2009年、全日本キックの消滅にともない、Krushを主催する株式会社グッドルーザーを設立して代表とKrushプロデューサーを務める。2016年9月、K-1プロデューサーに就任。2020年6月、K-1を退職。同年9月よりKNOCK OUTのプロデューサーに就任して現在に至る。

TARZAN by TARZAN

ターザン バイ ターザン

はたして定義王・ターザン山本！は、ターザン山本！を定義することができるのか？「俺らは自分たちの価値観の中で幻想を持ったりとか、夢を持ったりとか、プロレス論を語っているわけで、でもそのすべてが日本のプロレスの原動であり世界観じゃないですか。でもそれらを超えたところに髙田延彦はいるわけですよ！　その世界観自体が自分の外側にあるものなんですよ！」

ターザン山本！（たーざん・やまもと）
1946年4月26日生まれ、山口県岩国市出身。ライター。元『週刊プロレス』編集長。立命館大学を中退後、映写技師を経て新大阪新聞社に入社して『週刊ファイト』で記者を務める。その後、ベースボール・マガジン社に移籍。1987年に『週刊プロレス』の編集長に就任し、“活字プロレス”“密航”などの流行語を生み、週プロを公称40万部という怪物メディアへと成長させた。

絵　五木田智央　聞き手　井上崇宏

第四十四章

無思想な髙田延彦

「髙田は非常に高いレベルで無思想をやっているから、ある意味では前田を超えてるんですよ！」

――山本さんは、髙田延彦とは新日本の若手時代から接点がありますよね。

山本　あるねぇ～。

――髙田延彦って何十年も見続けているのに、その人間性がまったくわからないんですけど（笑）。

山本　あのね！　まず髙田は藤原組長について行く形で、新日本を飛び出して旧UWFに行ったわけじゃないですか。あのとき、髙田以外の新日本の若手は誰も行かなかったわけよね。藤原を尊敬し、ずっと一緒にスパーリングをやっていた山田（恵一）も行かなかったんよ。あのとき髙田はひとりだけ新日の道場を抜け出すというときに、みんなから「なんでUWFに行くの？」っていう変な目、白い目で見られながら出て行ったわけじゃないですか。あそこに髙田のすべてがあるんですよ！　あの人はもの凄く裏計算高いんですよ。

――裏計算？

山本　表の計算じゃなしに裏ですよ。あの男は裏計算の天才なんよ。

――表のストーリーとしては、髙田はずっとプロレスラーとしての強さを追い求めていて、自分が強くなるために技を教えてくれる人、鍛えてくれる人たちがいなくなったんだから、新日本にいる必要がない、自分もUWFに行くしかないというピュア髙田ですよね。

山本　それはあくまでも表向きであり、建前でしかないんですよ。そこにはちゃんと髙田流の読みと計算が働いているんですよ！

――髙田算が。

山本　つまりね、新日本にいさえすれば安定した収入と生活が保証されるけど、UWFに行けばそのへんのリスクが非常に高い。それでも「未来」という視点から見たら、絶対にUWFに行ったほうがいいと考えられる髙田は裏計算の天才ですよ。そういうときの髙田がいちばんいいのは無思想なところなんですよ。あの男はまったく思想というものがないんですよ。

――無思想。

山本　似たような意味でノンポリという言葉があるけど、ノンポリと言ったら非常にレベルの低い意味っぽくなるじゃないですか。違うんですよ、あの人の無思想はもっと凄いものなんですよ。

――高次元の無思想（笑）。

山本　そうそう。低い次元でさ、思想やイデオロギーがあるとか、ないとかって言っている時点では俗っぽい小競り合いにしかならないわけですよ。それが髙田の場合は非常に高い

TARZAN by TARZAN

レベルで無思想をやっているから、ある意味では前田を超えてるんですよ！

——どういうことですか？　高い視点から何も考えていないってこと？

山本　いや、本当にそうなんよ（笑）。だから髙田は透明感が凄いんですよ。

——クリオネか（笑）。

山本　だって人間はさ、異なる思想を持つ者同士、違うイデオロギーを持つ者同士が衝突して争うわけじゃないですか。そういうレベルの争いには髙田は参加しないというか、もうすべてを見切っているわけですよ。そんなのはくだらないものだとね。だから髙田は孤高の人なんですよ。

——あそこまでのポジションまで登りつめたプロレスラーで無思想って、珍しくないですか。

山本　それとさ、彼は少年時代にお母さんが家を出て行ったりとか、たぶん環境的にも経済的にも恵まれていなかったわけじゃないですか。だから、どうやったら生き抜いていけるかっていう、そこのたくましさが凄いんですよ。要するにそのたくましさがあるので、自分がいま何を選択したらいいか、いまはダメでも先々は絶対にいいという、そこを読み切れる男なんですよ。彼が新日本の道場を飛び出して行った日、俺は渋谷で髙田と会ったんよね。

——髙田が大きな荷物を抱えて歩いていたんですか？

山本　いやいや、取材で待ち合わせしたんよ。そうしたら案の定ね、まわりからは冷たい目で見られたと言うわけですよ。

——「バカだなあ」と。

山本　それで俺も「それはそうだよ」って言ったときに髙田は「山本さん、自分は人生で負け戦はしないですから」って言ったんよ。

「いつ道場に道場破りが来るかわからないというのが、髙田にとっては最大のアイデンティティなんですよ」

——それはこれまで山本さんから何回も聞いたことですけど、そんな若手のときに吐いたセリフだったんですか。

山本　非常に若造のときですよ！　いろんな経験を経て、「自分は負け戦はしませんでした」って言うのならわかるよ？　そうじゃなくて、あの男は20代の前半でその言葉を吐いたわけですよ。要するに、それまでの人生で負け戦はしてこなかったっていう意味ではないんですよ。だから俺はそのときに「これはとんでもない男だな！」って思ったんよ。だって新日本だとかUWFだとか、そういう次元を彼はそのときすでに超えていたんですよ。ストロングスタイルだ、イデオロギーだっていう次元で争っていること自体が彼にとっては意味もなければ関係もないんですよ。そこで熱くなる必要性を感じていなかったんよ。

——熱くなってるようなポーズはするけれど。

山本　熱くなってるふりをして、二番手、三番手のポジションで上についていける男なんですよ。それが彼の処世術というかさ。だから彼がＵＷＦに入ってからどうなったかと言うと、前田がＵＷＦの若き象徴であると。そして理論的、思想的にルールブックを作ったりとかしていたのは佐山なんですよ。その中でポツンと無思想の髙田がいるわけですよ。いかにもその両巨塔にじわーっとついていってるという顔をしてね。

――じわーっと（笑）。

山本　それが髙田の凄いところなんよ。だって自分は責任を負わなくてもいいわけよ。そのへんの生き方は凄いなと俺は思ったね。そして彼が新日本に入門してから常に考えていたことは、いつ道場に道場破りが来るかということなんですよ。

――道場破りがいつ来るかということに身構えていたという。

山本　それが彼にとっては最大のアイデンティティなんですよ。プロレスラーになって、スターになって注目を浴びて、チャンピオンになって、という自分の目的というか栄光を目指していたんだけど、とにかく「いつ道場破りが来るかわからない」というのが彼の頭の中にガチャーッと叩き込まれたので、「強くなければいけない」というアイデンティティを新日本の中で唯一受け入れた、採り入れた最大の男ですよ。だってそんなものはプロレスのリングには必要がないわけよ。

――その強さを求めた姿には、裏計算はないですよね？

山本　まず佐山さんがキックを取り入れたでしょ。でも前田も藤原さんもキックの技術は持っていなかったわけですよ。そうしたら髙田は佐山さんとはあまりうまくいかないので、前田と一緒にシーザー武志さんのところに行くんですよ。そこでふたりはシーザーさんから蹴りを習っているわけ。そういうことは地道に、確実にやる男なんですよ。

――それはいいじゃないですか。

山本　だからそこではＵＷＦの申し子、後継者という形を演じるわけなんだよね。

――えっ、それも裏計算なんだ。なんかよくわかんなくなってきたな。

山本　とにかく髙田は凄いんですよ。あとね、髙田がいちばん凄かったのは、これも何回もしゃべってるんだけど、ある日、ＵＷＦの道場で藤原にかわって髙田が新人を教えていたわけですよ。それで先輩から技を極められると抵抗せずにタップしなきゃいけないんよ。でも、そこで髙田に抵抗する若いヤツがいたんだよね。極まっているのにタップをしない。その瞬間に髙田がキレちゃって、その新人の顔面を蹴ったもんな。

――山本さん、その現場を見たんですか？

山本　俺はその現場を見たんですよ。「コイツ、恐ろしいな……」って思ったんよ。

――その場が凍りつきますよね。

山本　髙田が「ふざけんな！」ってその若手の顔面を蹴ったわけですよ。そうなるともうほかの人は止められないんだよね。そういう髙田の凄いシーンを俺は見たんよ。でも、ポジショニングというか、彼の生き方というか、処世術は決してイデオロギー化しないんよ。

――〝無思想のジェームス・ディーン〟。

山本　とにかく熱くなるということに醒めてたね。熱くなるためには何か概念的なものをアピールしなければいけないわけじゃないですか。そういうものに対して彼は幻想がないんですよ。だから「俺はこういうことをやりたいんだ！」っていうワンマンのスター意識、「俺が！　俺が！」っていうものに対して彼はいつも距離感を保っていたというか。

「前田は凄くやさしいから、いろんなことがあっても親のことについてやさしく語るけど、髙田は絶対に自分の親のことは語らないんよ」

――それってなんなんでしょうね。

山本　ただ、彼はもの凄く先輩に対して要領がいいんですよ。若いときはそれを必死になってやっていたよね。

――必死で先輩たちをうまく扱っていた（笑）。

山本　元気はつらつな若者みたいなイメージでさ、声がハッキリしていてニッコリと笑ったりするんよ。俺なんかが道場に行くと、「おっ、来たんですか！」みたいな元気のよさをもの凄く出してくるんだよね。

――でも若手時代からどこか醒めてましたよね。

山本　だから家族的なことというか、普通の人が味わうようなファミリー的な幸福感ということに対して、あまり経験がなかったんだと俺は思うよ。たとえば親からの愛情を受けるとかさ、そういうものが蓄積されていなかったと思うんよ。昔、前田と3人でタクシーに乗ったときに髙田が言ってましたよ。「俺なんかいつもお金がなくて、1円玉をかき集めてチキンラーメンを買っていましたよ」って。

――前田さんと似たような境遇で生きてきたんですね。

山本　でもね、前田さんは凄くやさしいから、父親とはいろんなことがあっても、その父親のことについてやさしく語るじゃないですか。それが髙田の場合は絶対に自分の父親のことを語らないんよ。両親のことについて語らない、封印しているわけですよ。前田はどれだけ自分が恵まれていなかったとしても、親のことやその境遇をいいように語るんですよ。

――自分の人生を肯定したいというのもあるでしょうし。

山本　その前田が持っているやさしさと、髙田のクールなところが凄く対照的だよね。俺が2回目に結婚したカミさんがいたでしょ。これも有名な話なんだけど、あのカミさんはデビューした頃の髙田のことがいちばん好きだったんですよ。

――もともと髙田ファンなんですよね。

山本　それはたぶんね、髙田の中に何かエゲツない、ドロドロとしたものを感じ取ったと思うんよ。だから山ちゃん（山崎一夫）じゃないわけですよ（笑）。

――「山ちゃんじゃないわけですよ」（笑）。

山本　だから髙田は妙にハンサムだし、外面もいいんだけど、裏側がちょっとドロドロっとしているなところがカミさんなんかには見えちゃってさ。

――ただの爽やかな二枚目ではないと。

山本　そういうところにカミさんは自分と同じものを見たの

かもしれないよね。それでさ、カミさんのお父さんは柔道をやっていたわけですよ。要するに武道家なんですよ。そのお父さんが俺に「髙田を家に連れてこい」って言ったんだよね。そうしたらさ、髙田は来るんだよねえ。俺、それはもうビックリしたね。普通は来ないだろう。

――それは山本さん経由で誘ってみたときに「いいですよ、行きますよ」と?

山本　即答ですよ！　普通はプロレスラーとしてのプライドがあったらさ、絶対に来ないですよぉ。

――「えっ、なんで行かなきゃいけないんだ?」ってなりますよ。

山本　そうそう。だから俺も当たり前のように断られると思ったんよ。でも来てくれるんだよね。そこがまた偏見というか魂胆がないというか。それも髙田なんですよ。

――じゃあ、表も裏も計算のない男じゃないですか。

山本　あのね、「じゃあ、今回はあなたの顔を立てて行きますよ」って言うのは計算でしょ。でも彼はすぐに「行きます」って言ったでしょ。そういうときは計算を超えた計算なんですよ。

――ちょっと待ってくださいよ。さっきから高い次元でのからっぽとか、計算を超えた計算とか……（笑）。

山本　そ、そ、それが髙田なんですよ!!

――えーっ!?

山本　間違いないですよ。あの人はすべてにおいてそうだから。

「髙田はあたかも猪木さんから何かを感じ取ったような態度を演じることができるんですよ」

――シュートを超えたものがプロレスであり、計算を超えたものが髙田であり、そして無思想を超えたものも……。

山本　髙田なんですよ！　だからヒクソン戦をやるときも、俺たちはあのヒクソンに髙田が勝ってほしいと。ストロングスタイルを証明してほしい、プロレスの強さを証明してほしい、というあらゆる希望と願望と理屈があるわけじゃないですか。それっていうのは俺たちのひとつのエゴじゃないですか。だけど髙田はそこに対してまったくの無関心だからね。

――ファンの幻想や思い入れを背負ってくれない。

山本　まったく背負わないからね。それがあの人なんですよ。だから彼にとってはあそこで勝とうが負けようが関係ないわけですよ。そこがまたあらゆるものを超えているわけですよ！　要するにあの人は計算も勝敗も超えてるんよ。だからヒクソンに負けたとき、猪木さんから「いちばん弱いヤツが出て行って負けた」とかボロクソに言われて、自分のレスラーとしての立場はなくなるわけじゃないですか。でも、そのことに対しても彼からすればどうでもいいことなんですよ。

――「どうってことねえよ」と（笑）。

山本　どうってことねえんですよ。そんなもんはとっくに超えているわけですよ。そうじゃないとあんなヒクソンに2回も負けられないですよ。

――完敗を喫した相手と「もう1回やりますか？」って聞かれて、「やる」ですもんね。

山本　それは何か幻想や理屈があって決めるんじゃなしに、「はい、やろう！」と。ここですよ、髙田は。

――山本さんの義父に会いに行くような感覚で、ヒクソンとの2回目も「ああ、やりますよ」と（笑）。

山本　そうそう。いや、本当の話なんだよ、これ！　ハッキリ言って、俺らは自分たちの価値観の中で幻想を持ったりとか、夢を持ったりとか、プロレス論を語っているわけで、でもそのすべてが日本のプロレスの原動であり、世界観じゃないですか。でも、それらを超えたところに髙田はいるわけですよ！　普通ならその中の理屈に入ってきて、出世をしようとしたり、物語を作っていこうとするわけじゃないですか。あの男はそうではなく、その世界観自体が自分の外側にあるものなんですよ。

――変わったプロレスラーですね。

山本　いや、そうじゃないとあんなね、引退試合で田村潔司に負けないよ。あんな無様な負け方をして。それでミルコともやるじゃないですか。そういう俺たちがプロレスに対して持っている夢とか憧れ、すべての理屈、その外側にポツンと立っている男だから全部できるんよ！

――そうですね。自分のプロレスラーとしての価値、見られ方とかを考えたら、やっぱり田村とはやらないですよね。だからこそ、そこでやっちゃう髙田延彦は美しいとも言えますよね。

山本　普通なら断りますよ。

――断った髙田はさすがだ、やっぱりセンスがある、っていうのがプロレス的な評価というか。でも田村とも全然やっちゃうよと。

山本　すぐにできちゃうわけですよ。だから猪木さんはビジュアルのいい新人を付き人につけるじゃないですか。それで髙田も猪木さんに付いていたわけですよ。それで猪木さんが髙田と一緒に身延山に登ってさ、「世界を見ろ！」と檄を飛ばしたとか、あるいはカナダのカルガリーに連れて行って、そこで猪木さんがプロレスが持っている深淵というか宇宙観みたいなものを話すんだけど、そこで髙田は猪木さんから言われた通りに演じるんだよね。あたかも何かを感じ取ったような態度を演じることができるんですよ（笑）。

「髙田はプロレス界に戻ろうとする気持ちもまったくないのが偉い。まるでプロレス界などなかったかのように生きている（笑）」

――たしかに、なんかそんな気がしてきたな（笑）。

山本　でも実際には猪木さんから教えられたことを受け継ぐとか、展開するということがまったくないわけ。だからホイホイと選挙にも出たじゃないですか。普通は出ませんよ！（笑）。

――「学校の校庭を芝生にしたい」とか、そんなこと思っているはずないよなっていうことを公約に掲げて。

山本　何もかもが全部そう。いくら整合性がないことでも、彼の中では整合性があるわけだから。だから髙田の場合は揉めないいんですよ。揉めないことがあの人の凄いところなんよ。電気で言えば抵抗がないんよ。全部通るわけ。全部すり抜けるんですよ、あの男は！

――それでいまもずっと来ている感じがありますね。

山本　でもおもしろいのは、彼は非常にキレやすいんだよね。さっきの練習のときの話もそうだけど、バービック戦とか北尾戦でキレるわけですよ。そのキレたときの髙田がいちばん美しい瞬間なんですよ。あの無思想がキレるわけだから。無思想なのにキレるということは二刀流で存在しているわけですよ。

――元祖・二刀流。

山本　サッカーライターの金子達仁さんっていたでしょ。髙田の『泣き虫』を書いた人。あれってプロレスの暴露話じゃないですか。普通レスラーだったら出版を拒否しますよ。でも内部事情をばらしているわけですよ。髙田はあれも通してるもんな。

――「あっ、本ですか？　いいですよ」と。

山本　それを通していても彼の存在は失われないし、傷つかないという、不思議な存在よね。「俺は聞かれただけだよ。相手が勝手に書いたんだから」みたいな。

――「髙田モンスター軍？　うん、やりますよ」（笑）。

山本　「大晦日にふんどし姿で太鼓？　叩きますよ」と。あんな髙田総統なんてのはストロングスタイルとは真逆じゃないですか。あれは髙田にしかできませんよ。あの男は俺たちが持っているプロレス幻想を全部超えてるよ。

――いや、たしかにそうですね。

山本　だからプロレスファンの価値観からすると髙田というのはまったく幻想がないわけですよ。語るものがないから何も評価されないんだよね。でも本人はそこに対してもまったく無頓着だから。それに対して「ああ、俺は失敗したな」とか「プロレスファンからもっと愛されたいな」とかっていうのはひとつも思っていないからね。自分が歩んできた歴史に対してのストレスはまったくない。「へえー、そうなの？」みたいなさ。

――でもプロレスに関しては天才ですよね。

山本　天才！　それでプロレスファンからすれば髙田は孤立しているんだけど、人生は成功しているんだから。髙田という城を作ってるんだから偉いよ。それとプロレス界に戻ろうとする気持ちもまったくないのも偉いよ。まるでプロレス界などなかったかのように生きているからね（笑）。でも、それって誰もできなかったことじゃないですか。

――長州は怖かった現役時代のイメージの反動でいまウケていますけど、髙田はプロレスのキャリアを何ら利用していないですもんね。

山本　なんにも利用してないよ！

――人生観とかはどうなんですかね？

山本　人生観という理屈がないよ。

もしかしてだけど、もしかしてだけど、そろそろ単行本化の機運高まってないですか？

胸がふくらんでないか？
いや…これは
見ないで下さいよ
おいどうなってんだ？
それ
店長……
セクハラ…ですよ
あっいやそんなつもりじゃ
あれか……
性的マイノリティの……
ちがいますよ

あれですよ
前太ってたじゃないですか
ダイエットしたら胸に肉が残っちゃったんですよ
だから裸が恥ずかしくて
サウナも行けなくて困ってます
なんだ
そういうことか
ちょっと見せてくれよ
いやですよ
何言ってんですか
いいだろちょっとだけだよ
ええ〜

ちょっとだけですよ
いきますよ
ばっ
あっ……
ぽっ
おつかれさまー
ガチャ
どうかしました？
いや…
なんでもないよ
……

KENICHI ITO

涙枯れるまで泣くほうがEマイナー

VOL.29

TKにリングスの本当のところを聞いた

伊藤健一

(いとう・けんいち)
1975年11月9日生まれ、東京都港区出身。格闘家、さらに企業家としての顔を持つため"闘うIT社長"と呼ばれている。ターザン山本！信奉者であり、UWF研究家でもある。

先日、知人の結婚式で、私の師匠でもある"世界のTK"こと、髙阪剛と同じテーブルになった。

私にとって初めて本格的にMMAを習った人が髙阪さんであり、主宰のジム「アライアンス」は、私はすでに退会しているのだが、いまでもジムで練習をさせていただいたり、いい関係が続いている。

ごくたまに飲みに行くこともあるが、ほとんどはジムで会うだけで、そのときはお互いに練習しているので話す時間はないため、意外とこれまで深い話をしたことがなかった。

だが、お酒も入っていて和やかな雰囲気でもあった結婚式という場で、「ここがチャンス!!」と思った私は、UWF研究家として、いろいろとリングス話を聞いてみた。

専修大学の柔道部を経て実業団、そして退社後にリングスに入門した柔道エリートの髙阪さん。当時の所属選手は、前田日明、長井満也、成瀬昌由、山本宜久、坂田亘と、まだ田村潔司も入団していないし、前田は別として、どう考えても入門当初からいちばん強かったとしか思えない。

そんな長年の疑問。単刀直入に「入門したとき、実際、選手の中でいちばん強かったんじゃないですか？」と聞いてみた。すると。

「いやー、俺もそう思っていたんだけどさ。初めて坂田先輩とスパーリングしたとき、足カンでボコボコにされてショックだったんだよ」

と、なんとも意外な返答がきた。坂田は髙阪さんが上から攻めると、立ち上がって距離を作り、自分の距離で攻めてきたという。「下になったら立ち上がる」という技術は、現代MMAではいちばん大事でもある基本技術だが、当時は下から関節技を狙って攻めるというのが鉄則だったはず。リングスでは、かなり身体の小さな部類に入る坂田なので、大きなロシアの猛者たちとやり合うために、誰に習ったわけでもなく、現代MMAの技術を自ら体得したのであろう。

足カン（足関節技）は、実際に体感しないとなかなか防げない技術であり、私もMMAに転向してきたばかりのレスリングや柔道のエリートたちと初めてスパーリングをするときは、かならず足カンをバチバチ極めている。

しかし、ある程度対策をされると極めるのが難しい技術でもあるので、髙阪さんが対策できるようになると、坂田はあまりスパーリングをしてくれなくなったようだ。

ヤマヨシこと山本宜久に関しては、「山本さんとは本当によく練習した。打撃でボコボコにされた。あの人は練習では凄く強いけど、本番だと力が入りすぎちゃって失敗する」と、本番が弱いということは結局弱いってことでは？と思ったが、当時は後輩とのスパーリングも本番みたいなものだし、髙阪さんにとってヤマヨシは愛すべき強い先輩なんだろうな。

そしてもちろん、前田日明の強さについてについても直撃した。

入門して以来、「前田を倒せば早くデビューできる」と意気込んでいた髙阪さんは、前田とのスパーリングの機会を常に狙っていて、ついにその機会が来たとき、最初は打撃のスパーリングだったという。そこでしょっぱなに掌底を思いっきりぶちかましたら、キレた前田にボコボコにされたそうだ。第二次UWFの札幌大会での前田vs田村みたいにヒザ蹴りを連発されたのかな（笑）。

寝技においても、前田は体重のかけ方が絶妙で、髙阪さんは一本取ることはできなかったとのこと。私もかつて前田に寝技の体重のかけ方を教わったことがあるが、本当に乗られただけで苦しかった。

髙阪さんもやられながら、「やっぱり前田って強いんだな〜」と思ったそうだ。

結婚式の同じテーブルには、『キン肉マン』の作者であるゆでたまご嶋田先生もいて、嶋田先生は1999年『UFC18』バス・ルッテン戦（髙阪さんが延長でKO負け）を現地観戦していたので「あれは絶対に髙阪さんが勝っていた」と述懐していた。

すると髙阪さんも「完全に勝っていたのに、最後に打ち合ってしまったことはいまでも後悔しています」と。長年一緒にいて、過去は絶対に振り返らない人なのだなと感じていたので、髙阪さんでも後悔するような試合があるんだなと驚いた。

お酒の勢いも手伝って、私は大胆にも「髙阪さんがUFC殿堂入りするときは、マネージャーとして私もアメリカに連れて行ってください」とお願いしてみると、「ケンイチ、そのときは通訳も頼むで」とニッコリ微笑んでくれた。

ヤッター!!

拝啓ダナ・ホワイト様。世界のTK、髙阪剛のUFC殿堂入りをよろしくお願いします!!

マッスル坂井と真夜中のテレフォンで。

4/14

MUSCLE SAKAI DEEPNIGHT TELEPHONE

「中1のとき、家の近くのじゅんさい池でカッパを見たんですよ。池の前にしゃがんでチャプンチャプンって水面を手でかいてたの。夜だったんだけど、最初は俺のおじいちゃんだと思ってて『おじいちゃん、帰るよ』って声をかけたら『違う。俺はカッパだけど』って言ったんですよ」

「『TADAYOI』には150センチ台のかわいい女のコから竹下幸之介が着られる服まで取り揃えています」

——最近、吉本興業の会長の大崎洋さんの『居場所。ひとりぼっちの自分を好きになる12の「しないこと」』（サンマーク出版）という本を読んだんですよ。

坂井　はいはいはい。

——もうタイトル通りに「調子がいいときも悪いときも、自分の居場所、隠れ家的な場所を作っておけ」みたいなことがそこには書いてあったんですけど、坂井さんにもそういう場所ってあるのかなって思って。

坂井　あー、玉袋筋太郎さんにおける居酒屋『加賀屋』みたいな場所ですよね。それ、俺の場合は新潟にある友達の服屋かもしれないですね。

——あそこか、古町にある『TADAYOI』？

坂井　俺の〝居場所〟は『TADAYOI』ですね。あそこは洋服屋なんだけど酒とかコーヒーもあるし、服と服の間に隠れて座れるし、よくわからないソファーとかがいっぱいあるから、意外とずっといられるんですよ。おいしいクラフトビールから強い酒までありますし、あそこの店主の澁谷大輔さんは自分にとってはゲイバーのママみたいな感じですよね。だから、おしゃれな音楽や洋服のこと、格闘技の情報、街のゴシップなんかは全部彼から入手していますね。

——マジで澁谷くんってちょっと中性的な

構成：井上崇宏

魅力があるよね。

坂井　そうですよ。あそこはユニセックスな服を取り扱っていますから。150センチ台のかわいい女のコから竹下幸之介が着られる服まで取り揃えていますからね。

――東京には〝居場所〟はないの？

坂井　東京だと、いわゆるビジネスホテルが私にとっては〝居場所〟なんですよ。たとえば東京にも部屋を借りちゃったりしたら、そこの居心地が悪くなったときにもうアウトだからちょっと怖いじゃないですか。なので、常にいいビジネスホテルを探す旅でもありますね。

――宿泊するビジネスホテルにちょっとこだわっているんですね。そのこだわりポイントはなんですか？

坂井　コロナ禍ではやっぱりサウナがあるホテルを中心に探したりしていたけど、いまはどこも観光客が戻ってきて、いよいよ宿泊代もシビアな闘いが始まりましたよね。だから安くていいところを探すべく、赤坂よりもひとつ隣の永田町、銀座ではなく新富町みたいな感じでね、なかなか表に出ればすぐにメシ屋や飲み屋があるみたいな感じはなくなってきましたけど。そこで最近私が見つけたのは、秋葉原はいいなと思ってます。

――アキバのビジネスホテルですか？

坂井　じつはアキバのアパホテルが最高だってことに最近気づきました。

――アパホテルって場所によって違うんですか？

坂井　秋葉原っていう街がひとつの生き物みたいになっているじゃないですか？　意外とアパホテルは街とシームレスになりやすいというか、だから秋葉原の街の中だと意外とハマってるんですよね。ちょうどいいんですよ。出てすぐに飲み屋もいっぱいあるし。

――でも部屋の中はどこのアパホテルも同じでしょ？

坂井　部屋は基本一緒。で、こないだひさびさにアパホテルに泊まったんですけど、あいかわらず非常に清潔に気を使っていて、ビジネスホテルってシュシュってやる消臭剤みたいなのがあるじゃないですか？　アパホテルは我々がお馴染みのメーカーの5倍くらいいいやつが置いてあるんですよ。霧吹き状でシュッシュとやるんじゃなくて、1回押すとシュ――――って出るやつなんですよ。

――森の香りみたいなやつ（笑）。

坂井　私は誤って綿ニットのセットアップでジンギスカンを食べに行ってしまいまして、「明日あさってどうする？　あと2日東京にいるぞ」と思っていたのに、その謎の消臭スプレーを使ったら臭いは本当に一撃ですよ。あれは凄い。あいかわらず社長の本とかは陳列されてるんですけど、前ほどのクドさ、圧は感じないというか。

――それはこっちの受け取り方次第なんじゃないの（笑）。

坂井　実際、こっちに余裕ができたっていうのもあるだろうし。

――まさに〝居場所〟。あの社長の著書の存在が気にならないほど、こっちのコンディションがよくなると（笑）。

坂井　そうです。だから近くに酒場があるアパホテルが大事かもしれないですね。

――全国的にアパホテルの部屋の中はほぼ一緒だと思っていたんですけど、長州力さんがいま熱海に住んでいて「おまえ、たまには熱海に来いよ」と言うんですね。しかも「たまには泊まっていけ」と。それって長州さんの家に泊めてくれるのかなと思ったら、

「熱海にいいアパがあるんだよ」って（笑）。

坂井　あー、でもそれはマジでそうなのかも。

――こっちは「いいアパってなんだ？」と思ってたんだけど。

坂井　いや、新潟にもいいアパができたんですよ。要するにアパホテル＆リゾートっていう名がつくところですよね。だから熱海にだってめっちゃいいのがマジであるんだと思う。放送作家の大井洋一さんの〝居場所〟は絶対に自分のクルマでしょうね。あの人、いつも車中で仮眠して、リモート打ち合わせをしてみたいな感じでずっとにいるじゃないですか。あれも〝居場所〟みたいなことでしょ。

――クルマって音楽をかけ放題だし、ひとり言が言い放題、叫び放題ですからね。

坂井　だけど酒が飲めないみたいなところも最高なんですよ。そして常に警察からも見張られており。

「ちょと調子が悪いなっていう日は、じゅんさい池に行ってセルビン漁法ですね。『うひょ～！』ってなる」

――でも坂井さんは私に本当の〝居場所〟を言ってないでしょ？　無難に洋服屋とかビジネスホテルを挙げていらっしゃいますけど。まあ、〝居場所〟のことだから口が重いのもわかるけど。

坂井　ええっ？　あっ、あります、あります。そういえば俺、家の近所の池によく行きますね。じゅんさい池公園というところがありまして、家から歩いてすぐなんですけど「あっ、今日はダメだな。調子悪いな」っていうときにはそのじゅんさい池公園の駐車場にクルマを入れて、ちょっと池のまわりを散歩しますね。そして小さい魚とかをずっと見ています。

――あー、いい。

坂井　それでちょっとノってくると、1回クルマに戻って、500ミリリットルのペットボトルの口のあたりをちょっと切ってひっくり返して戻して、池の中に仕掛けを作るんですよ。いわゆるセルビン漁法というやつで、本当はそれはやったらいけないんですけど、まあ、俺は魚を捕まえて帰るわけではないので。それを池の中にちょっと潜らせて、公園を1周して戻ってくると色とりどりのお魚がペットボトルの中に入っていて、「うひょ～！」となって、またそのお魚たちを池に戻して帰るんです。

――めっちゃいい……。いまスマホでじゅんさい池公園の画像をいっぱい見ていますけど、このクオリティで日本三大庭園とかに入らないんだ（笑）。

坂井　めちゃくちゃいいでしょ。ちなみになんですけど、あそこにはカッパもいますよ。

――カッパ？

坂井　はい。

――えっ、カッパって、あの妖怪のカッパ？

坂井　そうです。

――そんなのいませんよ（笑）。えっ、見たの？

坂井　まあ、俺も見ましたけど、ウチの親戚たちもみんなあそこでカッパを見ていますから。

――坂井さんも見た？

坂井　私も見てます。

――いつ見た？

坂井　中1のときです。

――どんな感じだった？

坂井　ええっと、中1のときに病気になった祖父がいて、夜、家に帰ったら祖父がいなくて「あっ、ヤバい、じゅんさい池だな」ってことで探しに行ったんですよ。祖父はじゅんさい池を散歩するのが好きだったんで。それで灯りがない池のほとりを私はひとりで「おじいちゃん！　おじいちゃん！」って言って歩いていたら、ちょっと目の前あたりに霧がかかっていて、3メートルくらい先に人影があって、池の前にしゃがんでチャプンチャプンって水面を手でかいてる人がいて。

——遊んでた？（笑）。

坂井　うん。で、「おじいちゃん、帰るよ」って言ったら、おじいちゃんじゃなくて、しゃがんでるカッパで。

——えっ、全身緑？

坂井　いや、暗かったんで黒っぽかったですけど。

——なんでそんな暗がりでカッパだとわかったの？

坂井　月あかりでですね。それと俺が声をかけたら「違う。俺はカッパだけど」ってそいつがハッキリと言ったんですよ。

——それは「おじいちゃん！」って声をかけたの？

坂井　そうそう。「おじいちゃん、帰るよ！」って言ったら、「違う。俺はカッパだけど」って。それで「えっ？　いやいや、ウチのおじいちゃんらしき人を見ませんでしたか？　ちょっと足が悪いんですけど、ひとりで出て行っちゃって」って言ったら、「いや、ちょっとわかんないな」って。

——ちょっと待て（笑）。

坂井　それで向こうもヤバいと思ったのか、「じゃあ」って言ってそのまま池の中にザブーンって。それとまったく同じパターンのやつをウチのいとこも見てますから。

——ちょっと待って。なんでそんなに俺のことバカにするの？

坂井　これは有名な話なんですよ。マジで。

——えっ、これって誰向けのトークなの？いや、マジでひどくない？（笑）。

坂井　いや、俺は聞かれたから答えただけでしょ。

——なんで51歳の俺にそんなウソの話を延々とするの？　人のこと、すげえバカにしてんじゃん。

坂井　いや、マジで俺と俺のいとこが「あそこはカッパ伝説がある」って言い続けていたら、新潟市の資料とか、タウン情報誌とかにも「じゅんさい池にはカッパの伝説がある」って載っちゃってるんですよ。だからもう俺も引くに引けないんですよ。もう撤回できないの（笑）。

——その河童伝説はいつぐらいから語り始めたの？

坂井　私が最初にその伝説を表に出したのは20代ですかね。その俺のいとこはずっとテレビとかラジオの音声マンをやっていて、アイツはもう至るところで話してますよね。そして俺は俺で友達とかがタウン情報誌の編集とかに携わっているわけですよ。なので、「坂井、よく行っていた心霊スポットとかを今度特集するから」とか言って、我々が食べ歩いてたラーメン屋とか、心霊スポットとか、じゅんさい池のカッパの伝説とか、もうあることないことをタウン情報誌に載っけてるんですよ。それで俺もまたテレビやラジオで俺も言い続けるじゃないですか。そうしたらもうすっかり新潟市のオフィシャルになっちゃったんですよ。

——なるほど。怖いなあ。

坂井　だから俺は最後まで責任を持って言い続けるよ。「じゅんさい池でカッパを見た」ってね。

№137 KAMINOGE

次号 KAMINOGE138 は
2023 年 6 月 5 日（月）発売予定!

カメラマンのタイコウさんが
「浅倉カンナさんがとっても綺麗でした」
と送ってきました。

2023 年 5 月 16 日
初版第 1 刷発行

発行人
後尾和男

制作
玄文社

編集
有限会社ペールワンズ
（『KAMINOGE』編集部）
〒 154-0011
東京都世田谷区上馬 1-33-3
KAMIUMA PLACE 106

WRITE AND WRITE
井上崇宏
堀江ガンツ

編集協力
佐藤篤
小松伸太郎
村上陽子

デザイン
高梨仁史

表紙デザイン
井口弘史

カメラマン
タイコウクニヨシ

編者
KAMINOGE 編集部

発行所
玄文社
［本社］
〒 107-0052
東京都港区高輪 4-8-11-306
［事業所］
東京都新宿区水道町 2-15
新灯ビル
TEL:03-5206-4010
FAX:03-5206-4011

印刷・製本
新灯印刷株式会社

本文用紙：
OK アドニスラフ　W A/T 46.5kg